PREFACE TO THE SERIES

TEXTS AND TRANSLATIONS is a project of the Committee on Research and Publications of the Society of Biblical Literature and is under the general editorial direction of Robert W. Funk (University of Montana), Hans Dieter Betz (School of Theology at Claremont), Robert A. Kraft (University of Pennsylvania), and George W. MacRae (Weston College). The purpose of the series is to make available in convenient and inexpensive format ancient texts which are not easily accessible but are of importance to scholars and students of "biblical literature" as broadly defined by the SBL. Reliable modern English translations will accompany the texts. Occasionally the series will include documents not published elsewhere. No effort is made in these publications to provide new critical texts, nor to furnish extensive annotations. The series is regarded as provisional, and individual volumes may be replaced in the future when better textual evidence is available.

For the "Pseudepigrapha Series" the choice of texts is governed in part by the research interests of the Pseudepigrapha Seminar of the SBL of which Walter Harrelson (Vanderbilt Divinity School) is Chairman and James H. Charlesworth (Duke University) Secretary. This series will regularly include volumes incorporating the fragmentary evidence of works attributed to biblical personalities, culled from a wide range of Jewish and Christian sources. The volumes are selected, prepared, and edited by the following subcommittee of the Pseudepigrapha Seminar:

>   Robert A. Kraft (University of Pennsylvania)
>   George W. MacRae (Weston College)
>   George Nickelsburg (University of Iowa)
>   Michael E. Stone (Hebrew University)
>   John Strugnell (Harvard University)

TEXTS AND TRANSLATIONS 2

PSEUDEPIGRAPHA SERIES

2

THE TESTAMENT OF ABRAHAM

THE GREEK RECENSIONS

Translated by

Michael E. Stone

SOCIETY OF BIBLICAL LITERATURE

1972

THE TESTAMENT OF ABRAHAM

THE GREEK RECENSIONS

Copyright © 1972

by

The Society of Biblical Literature

All rights reserved. No part of this book may be reproduced or utilized in any form or by any means, electronic or mechanical, including photocopying, without permission in writing from the Publisher.

Library of Congress Catalog Card Number: 72-88770

Printed in the United States of America

Printing Department, University of Montana

Missoula, Montana 59801

TABLE OF CONTENTS

Foreword vii

Critical Signs   1

Recension A   2

Recension B 58

Notes 89

FOREWORD

The text of the two Greek recensions which is reprinted here is that of M. R. James, *The Testament of Abraham* (Texts and Studies, II, 2; Cambridge: Cambridge University Press, 1892). The manuscripts consulted by him are the following:

Recension A:
   A. Paris, Bibl. Nat. Fonds Grec 770, 1315, fol. 225v-241r.
   B. Jerusalem, Cod. S. Sepulcri 66, 15th cent., fol. 260ff.
   C. Cod. Bodl. Canonicianus Gr. 19, 15th-16th cent., fol. 128v-144v.
   D. Paris, Bibl. Nat. Fonds Grec 1556, 15th cent., fol. 22r-32v.
   E. Vienna, Cod. Theol. Gr. 237, 13th cent., fol. 34r-57r.
   F. Paris, Bibl. Nat. Fonds Grec 1313, 15th-16th cent., fol. 32v-38v.

Recension B:
   A. Paris, Bibl. Nat. Fonds Grec 1613, 15th Cent., fol. 87v-96v.
   B. Paris, Bibl. Nat. Supplément Grec 162, 14th cent., fol. 106v-114v.
   C. Vienna, Cod. Histor. Gr. 126, 15th cent., fol. 10v-18r.

The letter R in the apparatus refers to the Rumanian version in the edition of M. Gaster. For detailed comments on the text, see the Introduction of James.

The present translation is a new one, prepared with the assistance of Harold W. Attridge. The translator has consulted the two previous translations: that of W. A. Craigie in *The Ante-Nicene Fathers*, vol. 9, pp. 181-224, and that of G. H. Box, *The Testament of Abraham* (Translations of Early Documents; London: SPCK, 1927) 1-54.

Information concerning additional Greek manuscripts as

well as recent bibliography may be found in A.-M. Denis, *Introduction aux pseudépigraphes grecs d'Ancien Testament* (Studia in Veteris Testamenti Pseudepigrapha I; Leiden: Brill, 1970) 31-39. In addition to this information one should note the following:

Francis Schmidt, *Le Testament d'Abraham: introduction, édition de la recension courte, traduction et notes* (Unpublished dissertation; Strasbourg, 1971).
B. J. Bamberger, "Abraham, Testament of," *IDB* 1 (1962) 21.
Elio Piattelli, "Il testamento di Abramo (Testo apocalittico del I secolo dell'E.V.)," *Annuario di Studi Ebraici* (1964-65) 111-121.
"Abraham, Testament of," *Encyclopaedia Judaica* 2 (1971) 129.
C. W. Fishburne, "I Corinthians III. 10-15 and the Testament of Abraham," *NTS* 17 (1970-71) 109-115.

Michael E. Stone
Hebrew University

Critical signs employed in the text and translation:

    < >   indicates James's suggested additions to the text.

    [ ]   indicates James's suggested deletions from the text.

    ( )   indicates alternate translations or words supplied for better English sense.

    .....   indicates the apparent omission of words.

    ⌐ ¬   in the translation indicates a corruption in the text.

A.

ΔΙΑΘΗΚΗ ΑΒΡΑΑΜ.

I. Ἔζησεν Ἀβραὰμ τὸ μέτρον τῆς ζωῆς αὐτοῦ, ἔτη ἐννακόσια ἐνενήκοντα πέντε, πάντα δὲ τὰ ἔτη τῆς ζωῆς αὐτοῦ ζήσας ἐν ἡσυχίᾳ καὶ πραότητι καὶ δικαιοσύνῃ, πάνυ ὑπῆρχε φιλόξενος ὁ δίκαιος· πήξας γὰρ τὴν σκηνὴν αὐτοῦ ἐν τετραοδίῳ τῆς δρυὸς τῆς Μαμβρῆ, τοὺς πάντας ὑπεδέχετο, πλουσίους καὶ πένητας, βασιλεῖς τε καὶ ἄρχοντας, ἀναπήρους καὶ ἀδυνάτους, φίλους καὶ ξένους, γείτονας καὶ παροδίτας, ἴσον ὑπεδέχετο ὁ ὅσιος καὶ πανίερος καὶ δίκαιος καὶ φιλόξενος Ἀβραάμ. ἔφθασεν δὲ καὶ ἐπὶ τοῦτον τὸ κοινὸν καὶ ἀπαραίτητον τοῦ θανάτου πικρὸν ποτήριον, καὶ τὸ ἄδηλον τοῦ βίου πέρας. προσκαλεσάμενος τοίνυν ὁ δεσπότης θεὸς τὸν ἀρχάγγελον αὐτοῦ Μιχαὴλ εἶπεν πρὸς αὐτόν· Κάτελθε, Μιχαὴλ ἀρχιστράτηγε, πρὸς Ἀβραάμ, καὶ εἰπὲ αὐτὸν περὶ τοῦ θανάτου, ἵνα διατάξεται περὶ τῶν πραγμάτων αὐτοῦ· ὅτι ηὐλόγησα αὐτὸν ὡς τοὺς ἀστέρας

ABCD
EFR

A = Par. Gr. 770. B = Cod. Hierosol. S. Sep. 66. C = Cod. Bodl. Canon. Gr. 19. D = Par. Gr. 1556. E = Cod. Vind. Theol. Gr. 237. F = Par. Gr. 1313. R = Roumanian Version.

Tit. Διαθ. τοῦ ὁσίου π̅ρ̅ς̅ ἡμ. δικαίου πατριάρχου Ἀ. Διαλύων δὲ καὶ θανάτου πέραν, τὸ πῶς δεῖ ἕκαστος ἐτελεύτησεν εὐλ. A; Διήγησις καὶ διαθ. τοῦ δικ. καὶ πατριάρχου Ἀ. Δηλοῖ δὲ καὶ τὴν πεῖραν τοῦ θανάτου αὐτοῦ εὐλ. δεσπ. B; Ἡ διαθ. τοῦ ὁσ. π̅ρ̅ς̅ ἡμ. καὶ δικ. Ἀ. δυαλύον δὲ καὶ τὴν τοῦ θαν. πειρ. εὐλ. C; λόγος ἐκ τοῦ βίου καὶ τῆς διαθ. τοῦ δικ. καὶ φιλοξένου Ἀ. D; Ἡ—θανάτου πόρον as C + τὸ πῶς δὴ ἕκαστος τελευτᾷ α̅ν̅ο̅ς̅. δεσπ. εὐλ. E; Διήγ. περὶ τῆς ζωῆς καὶ τοῦ θαν. τοῦ δικ. Ἀ., τὸ πός ἐδιετάχθη τῆς ζωῆς καὶ τῆ(ς) φυλοξενίας αὐτοῦ καὶ πὸς ἐδιελέγετο μετὰ τοῦ ἀγγέλου καὶ μετὰ τὸν θάνατον εὐλ. δ. F; for R cf. Introd.

2 ἐννακόσ.—πέντε] 999 years A; 95 F; 175 DER   10 ποτήριον] μυστήριον B   14, 15 ἵνα—πραγ.] om B

RECENSION A

TESTAMENT OF ABRAHAM

I.   Abraham lived the span of his life, nine hundred and ninety-five years, and having lived all the years of his life in quietness, gentleness, and righteousness, the righteous man was extremely hospitable. For having pitched his tent at the crossroads of the oak of Mamre, he welcomed all, rich and poor, kings and rulers, cripples and helpless, friends and strangers, neighbors and travelers--all alike did the devout, all-holy, righteous, hospitable Abraham welcome. Even upon him, however, there came the common, inexorable, bitter cup of death and the uncertain end of life.
    Now the Master[1] God summoned his archangel Michael and said to him, "Go down, Archistrategos[2] Michael, to Abraham and tell him about his death, so that he may set his affairs in order. For I have blessed him as the stars

ABCD EFR τοῦ οὐρανοῦ, καὶ ὡς τὴν ἄμμον τὴν παρὰ τὸ χεῖλος τῆς θαλάσσης· καὶ ἔστιν ἐν εὐπορίᾳ βίου πολλοῦ καὶ πραγμάτων πολλῶν, καὶ ὑπάρχει πλούσιος πάνυ· παρὰ πάντων δὲ δίκαιος ἐν πάσῃ ἀγαθωσύνῃ, φιλόξενος καὶ φιλόστοργος ἕως τέλους τῆς ζωῆς αὐτοῦ. σὺ δὲ, ἀρχάγγελε Μιχαὴλ, 5 ἄπελθε πρὸς τὸν Ἀβραάμ, τὸν ἠγαπημένον μου φίλον, καὶ ἀνάγγειλον αὐτῷ περὶ τοῦ θανάτου αὐτοῦ, καὶ πληροφόρησον αὐτὸν ὅτι Μέλλεις ἐν τῷ καιρῷ τούτῳ ἐξέρχεσθαι ἐκ τοῦ ματαίου κόσμου τούτου καὶ μέλλεις ἐκδημεῖν ἐκ τοῦ σώματος καὶ πρὸς τὸν ἴδιον δεσπότην ἐλεύσῃ ἐν ἀγαθοῖς. 10

II. ἐξελθὼν δὲ ὁ ἀρχιστράτηγος ἐκ προσώπου τοῦ θεοῦ κατῆλθεν πρὸς τὸν Ἀβραὰμ ἐπὶ τὴν δρῦν τὴν Μαμβρῆ, καὶ εὗρεν τὸν δίκαιον Ἀβραὰμ ἐπὶ τὴν χώραν ἔγγιστα, ζεύγη βοῶν ἀροτριασμοῦ παρεδρεύοντα μετὰ τοὺς υἱοὺς Μασὲκ καὶ ἑτέροις παισὶν τὸν ἀριθμὸν δώδεκα· 15 καὶ ἰδοὺ ὁ ἀρχιστράτηγος ἤρχετο πρὸς αὐτόν· ἰδὼν δὲ ὁ Ἀβραὰμ τὸν ἀρχιστράτηγον Μιχαὴλ μηκόθεν ἐρχόμενον, δίκην στρατιώτου εὐπρεπεστάτου, ἀναστὰς τοίνυν ὁ Ἀβραὰμ ὑπήντησεν αὐτῷ καθότι καὶ ἔθος εἶχεν, τοῖς ἐπιξένοις πᾶσιν προϋπαντῶν καὶ ὑποδεχόμενος· ὁ δὲ ἀρχι- 20 στράτηγος προχαιρετίσας αὐτὸν εἶπεν Χαῖρε, τιμιώτατε πάτερ, δικαία ψυχὴ ἐκλεκτὴ τοῦ θεοῦ, φίλε γνήσιε τοῦ ἐπουρανίου. εἶπεν δὲ Ἀβραὰμ πρὸς τὸν ἀρχιστράτηγον· Χαῖρε, τιμιώτατε στρατιῶτα, ἡλιόρατε καὶ πανευπρεπέστατε ὑπὲρ πάντας τοὺς υἱοὺς τῶν ἀνθρώπων· καλῶς 25 ἥκεις· τούτου χάριν αἰτοῦμαι τῆς σῆς παρουσίας πόθεν ἧκεν τὸ νέον τῆς ἡλικίας σου; δίδαξόν με τὸν σὸν ἱκέτην, πόθεν καὶ ἐκ ποίας στρατιᾶς καὶ ἐκ ποίας ὁδοῦ παραγέγονεν τὸ σὸν κάλλος; ὁ δὲ ἀρχιστράτηγος ἔφη· Ἐγώ, δίκαιε Ἀβραάμ, ἀπὸ τῆς μεγάλης πόλεως ἔρχομαι· παρὰ 30 τοῦ μεγάλου βασιλέως ἀπεστάλην διαδοχὴν φίλου αὐτοῦ γνησίου κομιζόμενος, ὅτι καὶ αὐτὸν ὁ βασιλεὺς προσκαλεῖται. καὶ ὁ Ἀβραὰμ εἶπεν· Δεῦρο, κύριέ μου, πορεύθητι

---

2 εὐπορίᾳ] ἐμπ. ACDEF   4 φιλόστοργος] φιλόχριστος A   17 μηκόθεν] ἀπὸ μακρόθεν CE   24 ἡλιόρατε—πανευπρ.] om CE   26 ἥκεις] ἔοικας ΑΕ; ἥκας C; ἥκας BDR (?)   27 ἧκεν] ἥκαινὴ B; αἴηκεν (-ας E) CE; ἔοικεν A   31 διαδοχήν] διὰ δοχὴν C   32 κομιζόμ.] ἀποκομίζομαι AD; ἐπικομίζομαι CE

of heaven and as the sand by the seashore, and he makes a
good living and has many possessions and is very rich. More
than all men, moreover, he has been righteous in all good-
ness, hospitable and loving to the end of his life. But,
archangel Michael, go to Abraham, my beloved friend, and
announce his death to him and give him this assurance: 'At
this time you are going to depart from this vain world and
leave the body, and you shall go to your own Master among
the good.'"

II. And the Archistrategos left the presence of God and went
down to Abraham at the oak of Mamre. And he found the righ-
teous Abraham in the field nearby, sitting beside yokes of
oxen for plowing, together with the sons of Masek and other
servants, twelve in number. And behold, the Archistrategos
approached him. And Abraham, seeing the Archistrategos
Michael coming from a distance like a very handsome warrior,
arose and met him, as he usually met and welcomed all
strangers. And the Archistrategos greeted him and said,
"Hail, most honored father, righteous soul chosen by God,
true friend of the Heavenly One."

Abraham said to the Archistrategos, "Hail, most honored
warrior, bright as the sun and most beautiful, more than all
the sons of men. You are welcome. Therefore I beg your
presence, tell me whence comes the youth of your years.
Teach me, your suppliant, whence and from what army and
from what journey your beauty has come here."

The Archistrategos said, "Righteous Abraham, I come
from the great city. I have been sent from the great king
to take the place of a true friend of his, for the king
summons him."

And Abraham said, "Come, my lord, go

μετ' ἐμοῦ ἕως τῆς χώρας μου. καὶ φησὶν ὁ ἀρχιστράτηγος· Ἔρχομαι. ἀπελθόντες δὲ ἐν τῇ χώρᾳ τοῦ ἀροτριασμοῦ ἐκαθέσθησαν πρὸς ὁμιλίαν. εἶπεν δὲ Ἀβραὰμ τοῖς παισὶν αὐτοῦ τοῖς υἱοῖς Μασέκ· Ἀπέλθατε εἰς τὴν ἀγέλην τῶν ἵππων καὶ ἐνέγκατε δύο ἵππους εὐμενεῖς καὶ ἡμέρους δεδαμασμένους ὅπως ἐγκαθεσθῶμεν ἐγώ τε καὶ ὁ ἄνθρωπος οὗτος ὁ ἐπίξενος. καὶ εἶπεν ὁ ἀρχιστράτηγος· Μὴ, κύριέ μου Ἀβραάμ, μὴ ἐνέγκωσιν ἵππους, ὅτι ἀπέχομαι τούτου, τοῦ μὴ καθίσαι ἐπὶ ζώου τετραπόδου ποτέ· μὴ γὰρ ὁ ἐμὸς βασιλεὺς οὐκ ἦν πλούσιος ἐν ἐμπορίᾳ πολλῇ, ἔχων ἐξουσίαν καὶ ἀνθρώποις καὶ κτήνεσιν παντοίοις; ἀλλ' ἐγὼ ἀπέχομαι τούτου, τοῦ μὴ καθίσαι ἐπὶ ζώου τετραπόδου ποτέ· ἀπέλθωμεν οὖν, δικαία ψυχή, πεζεύοντες ἕως τοῦ οἴκου σου μετεωριζόμενοι. καὶ εἶπεν Ἀβραάμ· Ἀμήν, γένοιτο.

III. ἀπερχομένων δὲ αὐτῶν ἀπὸ τοῦ ἀγροῦ πρὸς τὸν οἶκον αὐτοῦ, κατὰ τῆς ὁδοῦ ἐκείνης ἵστατο δένδρον κυπάρισσος· καὶ κατὰ πρόσταξιν τοῦ θεοῦ ἐβόησεν τὸ δένδρον ἀνθρωπίνῃ φωνῇ, καὶ εἶπεν· Ἅγιος, ἅγιος, ἅγιος κύριος ὁ θεὸς ὁ προσκαλούμενος αὐτὸν τοῖς ἀγαπῶσιν αὐτόν. ἔκρυψεν δὲ Ἀβραὰμ τὸ μυστήριον, νομίσας ὅτι ὁ ἀρχιστράτηγος τὴν φωνὴν τοῦ δένδρου οὐκ ἤκουσεν. ἐλθόντες δὲ πλησίον τοῦ οἴκου ἐν τῇ αὐλῇ ἐκαθέσθησαν· καὶ ἰδὼν ὁ Ἰσαὰκ τὴν πρόσοψιν τοῦ ἀγγέλου εἶπεν πρὸς Σάρραν τὴν μητέρα αὐτοῦ· Κυρία μου μῆτερ, ἰδοὺ ὁ ἄνθρωπος ὁ καθεζόμενος μετὰ τοῦ πατρός μου Ἀβραὰμ υἱὸς οὐκ ἔστιν ἀπὸ τοῦ γένους τῶν κατοικούντων ἐπὶ τῆς γῆς. καὶ ἔδραμεν Ἰσαάκ, καὶ προσεκύνησεν αὐτὸν καὶ προσέπεσεν τοῖς ποσὶν τοῦ ἀσωμάτου· καὶ ὁ ἀσώματος ηὐλόγησεν αὐτὸν καὶ εἶπεν· Χαρίσεταί σοι κύριος ὁ θεὸς τὴν ἐπαγγελίαν αὐτοῦ ἣν ἐπηγγείλατο τῷ πατρί σου Ἀβραὰμ καὶ τῷ σπέρματι αὐτοῦ, καὶ χαρίσεταί σοι καὶ τὴν τιμίαν εὐχὴν τοῦ πατρός σου καὶ τῆς μητρός σου. εἶπεν δὲ Ἀβραὰμ πρὸς Ἰσαὰκ τὸν υἱὸν αὐτοῦ· Τέκνον Ἰσαάκ, ἄντλησον ὕδωρ

---

4 ἀγέλην] ἀγωγὴν B   6 δεδαμασμ.] δεδεμένους B   8 ἀπέχομαι] ἀπέσχομαι (ἀν- A) AB   9—13 μὴ γὰρ—ποτέ] om CDER   19, 20 κ̅ς̅ ὁ θ̅ς̅ ὁ προσκ.—ἀγ. αὐτόν] "The Lord God calls thee" R   20 αὐτόν (pri.)] ἑαυτόν ACE, om B   22 ἐλθόντες] ἐλθὼν AB   28 αὐτὸν κ. προσέπ.] om B

with me as far as my field."

The Archistrategos said, "I am coming," and setting out, they sat down for conversation in the plowed field.

Abraham said to his servants, the sons of Masek, "Go to the herd of horses and bring two gentle and tame horses for me and this stranger to mount."

Then the Archistrategos said, "No, my lord Abraham, do not let them bring horses, for I refrain from ever sitting on a four-footed animal. Is my king not rich in great possessions, owning both men and all sorts of cattle? But I refrain from ever sitting on a four-footed animal. Let us go, then, O righteous soul, strolling along until we reach your house."

And Abraham said, "I agree."

III. As they went from the field toward his house, by that path there stood a cypress tree and at God's command the tree cried out in a human voice and said, "Holy, holy, holy is the Lord God who summons him[3] to those who love him!" And Abraham concealed the mystery, for he thought that the Archistrategos had not heard the tree's voice. When they came up to the house, they sat down in the court.

When Isaac saw the angel's face, he said to Sarah his mother, "My lady mother, the man who is sitting with my father Abraham is not a member of the race which inhabits the earth."

And Isaac ran up and bowed down to him and fell at the feet of the incorporeal one; and the incorporeal one blessed him and said, "The Lord God will grant you his promise which he made to your father Abraham and to his seed, and he will also grant you (the fulfillment of) the precious prayer of your father and your mother."

Abraham said to Issac his son, "Isaac, my child, draw water

ABCD EFR ἀπὸ τοῦ φρέατος καὶ ἔνεγκέ μοι ἐπὶ τῆς λεκάνης ἵνα
νίψωμεν τοῦ ἀνθρώπου τούτου τοῦ ἐπιξένου τοὺς πόδας,
ὅτι ἀπὸ μακρᾶς ὁδοῦ πρὸς ἡμᾶς ἐλθὼν ἐκοπίασεν. δραμὼν
δὲ Ἰσαὰκ εἰς τὸ φρέαρ ἤντλησεν ὕδωρ ἐπὶ τῆς λεκάνης καὶ
ἤνεγκεν πρὸς αὐτούς· προσελθὼν δὲ Ἀβραὰμ ἔνιψεν τοὺς 5
πόδας τοῦ ἀρχιστρατήγου Μιχαήλ· ἐκινήθησαν δὲ τὰ
σπλάγχνα τοῦ Ἀβραὰμ καὶ ἐδάκρυσεν ἐπὶ τὸν ξένον.
ἰδὼν δὲ Ἰσαὰκ τὸν πατέρα αὐτοῦ κλαίοντα, ἔκλαυσεν καὶ
αὐτός· ἰδὼν δὲ ὁ ἀρχιστράτηγος αὐτοὺς κλαίοντας συνε-
δάκρυσεν καὶ αὐτὸς μετ᾽ αὐτῶν, καὶ ἔπιπτον τὰ δάκρυα τοῦ 10
ἀρχιστρατήγου ἐπὶ τῆς λεκάνης εἰς τὸ ὕδωρ τοῦ νιπτῆρος,
καὶ ἐγένοντο λίθοι πολύτιμοι· ἰδὼν δὲ ὁ Ἀβραὰμ τὸ θαῦμα
καὶ ἐκπλαγεὶς ἔλαβεν τοὺς λίθους κρυφαίως καὶ ἔκρυψεν
τὸ μυστήριον, μόνος ἔχων ἐν τῇ καρδίᾳ αὐτοῦ.

IV. εἶπεν δὲ Ἀβραὰμ πρὸς Ἰσαὰκ τὸν υἱὸν αὐτοῦ· 15
Ἄπελθε, υἱέ μου ἀγαπητέ, εἰς τὸ ταμεῖον τοῦ τρικλίνου
καὶ καλλώπισον αὐτό· στρῶσον δὲ ἡμῖν ἐκεῖ δύο κλινάρια,
ἕνα ἐμὸν καὶ ἕνα τοῦ ἀνθρώπου τούτου τοῦ ἐπιξενισθέντος
ἡμῖν σήμερον· ἑτοίμασον δὲ ἡμῖν ἐκεῖ δίφρον καὶ λυχνίαν
καὶ τράπεζαν ἐν ἀφθονίᾳ παντὸς ἀγαθοῦ· καλλώπισον τὸ 20
οἴκημα, τέκνον, καὶ ὑφάπλωσον σινδόνας καὶ πορφύραν
καὶ βύσσον· θυμίασον πᾶν τίμιον καὶ ἔνδοξον θυμίαμα,
καὶ βοτάνας εὐόσμους ἐκ τοῦ παραδείσου ἐνέγκας πλή-
ρωσον τὸν οἶκον ἡμῶν· ἄναψον λύχνους ἑπτὰ διελαίους
ὅπως εὐφρανθῶμεν, ὅτι ὁ ἀνὴρ οὗτος ὁ ἐπιξενισθεὶς ἡμῖν 25
σήμερον ἐνδοξότερος ὑπάρχει βασιλέων καὶ ἀρχόντων, ὅτι
καὶ ἡ ὅρασις αὐτοῦ ὑπερφέρει πάντας τοὺς υἱοὺς τῶν ἀν-
θρώπων. ὁ δὲ Ἰσαὰκ ἡτοίμασεν πάντα καλῶς· παραλαβὼν
δὲ Ἀβραὰμ τὸν ἀρχάγγελον Μιχαήλ, ἀνῆλθεν ἐν τῷ οἰκή-
ματι τοῦ τρικλίνου, καὶ ἐκαθέσθησαν ἀμφότεροι ἐπὶ τὰ 30
κλινάρια, μέσον δὲ αὐτῶν προῆγε τράπεζαν ἐν ἀφθονίᾳ
παντὸς ἀγαθοῦ. ἐγερθεὶς οὖν ὁ ἀρχιστράτηγος ἐξῆλθεν
ἔξω, ὡς δῆθεν γαστρὸς χρείᾳ ὕδατος χύσιν ποιῆσαι, καὶ
ἀνῆλθεν εἰς τὸν οὐρανὸν ἐν ῥιπῇ ὀφθαλμοῦ καὶ ἔστη ἐνώ-
πιον τοῦ θεοῦ, καὶ εἶπεν πρὸς αὐτόν· Δέσποτα κύριε, ἵνα 35

12 πολυτ.] ἀτίμητοι ἤγουν πολύτιμοι B   18 ἐπιξενισθ.] ἐπιξενωθέντος B
20 ἀφθονίᾳ] εὐθυνίᾳ CE   23 ἐνέγκας] ναύκας CE   33 χρείᾳ ὕδατος
χύσιν] χρείαν ποιήσασθαι CE

from the well and bring it to me in the bowl so that we can wash the feet of this stranger, because he is tired, having come to us from a long journey."

Isaac ran to the well and drew water in the bowl and brought it to them. Abraham came forward and washed the feet of the Archistrategos Michael. Abraham was deeply moved and he wept over the stranger. When Isaac saw his father weeping, he too wept. When the Archistrategos saw them weeping, he too wept together with them, and the tears of the Archistrategos fell upon the bowl, into the water of the basin, and they turned into precious stones. Abraham saw this wonder and being astounded, he secretly took the stones and hid the mystery, keeping it to himself alone.

IV. Then Abraham said to his son Isaac, "Go, my beloved son, to the chamber and decorate it. Spread two couches for us there, one for me and one for this man who is our guest today. Prepare for us there a seat and a candelabrum and a table with an abundance of every good thing. Beautify the chamber, son, and spread out linen and purple cloth and byssus. Burn all sorts of valuable and renowned incense and bringing in sweet-smelling plants from the garden, fill our house (with them). Light seven oil lamps so that we may be happy, for this man who is our guest today is more glorious than kings and rulers, for his appearance surpasses all human beings."

Isaac prepared everything well, and Abraham took the archangel Michael and entered the chamber. They both sat down on the couches, and between them he (i.e. Isaac) placed a table with an abundance of every good thing. Then the Archistrategos got up and went outside as if he needed to relieve himself; he ascended to heaven in the winking of an eye and stood before God and said to him, "Master, Lord,

γινώσκῃ τὸ σὸν κράτος ὅτι ἐγὼ τὴν μνήμην τοῦ θανάτου
πρὸς τὸν δίκαιον ἄνδρα ἐκεῖνον ἀναγγεῖλαι οὐ δύναμαι, ὅτι
οὐκ εἶδον ἐπὶ τῆς γῆς ἄνθρωπον ὅμοιον αὐτοῦ, ἐλεήμονα,
φιλόξενον, δίκαιον, ἀληθινόν, θεοσεβῆ, ἀπεχόμενον ἀπὸ
5 παντὸς πονηροῦ πράγματος· καὶ νῦν γίνωσκε, κύριε, ὅτι
ἐγὼ τὴν μνείαν τοῦ θανάτου ἀναγγεῖλαι οὐ δύναμαι. ὁ δὲ
κύριος εἶπεν· Κάτελθε, Μιχαὴλ ἀρχιστράτηγε, πρὸς τὸν
φίλον μου Ἀβραὰμ, καὶ ὅτι ἐὰν λέγῃ σοι, τοῦτο καὶ ποίει.
καὶ ὅτι ἐὰν ἐσθίῃ, ἔσθιε καὶ σὺ μετ' αὐτοῦ· ἐγὼ δὲ ἐπι-
10 βαλῶ τὸ πνεῦμά μου τὸ ἅγιον ἐπὶ τὸν υἱὸν αὐτοῦ Ἰσαάκ,
καὶ ῥίψω τὴν μνήμην τοῦ θανάτου αὐτοῦ εἰς τὴν καρδίαν
τοῦ Ἰσαάκ, ἵνα καὶ αὐτὸς ἐν ὀνείρῳ θεάσηται τὸν θάνατον
τοῦ πατρὸς αὐτοῦ, καὶ Ἰσαὰκ δὲ ἀναγγελεῖ τὸ ὅραμα, σὺ
δὲ διακρινεῖς· καὶ αὐτὸς γνώσεται τὸ τέλος αὐτοῦ. καὶ ὁ
15 ἀρχιστράτηγος εἶπεν· Κύριε, πάντα τὰ ἐπουράνια πνεύ-
ματα ὑπάρχουσιν ἀσώματα, καὶ οὔτε ἐσθίουσιν οὔτε πί-
νουσιν· καὶ οὗτος δὲ ἐμοὶ τράπεζαν παρέθετο ἐν ἀφθονίᾳ
πάντων ἀγαθῶν τῶν ἐπιγείων καὶ φθαρτῶν· καὶ νῦν, κύριε,
τί ποιήσω; πῶς διαλάθωμαι τοῦτον, καθήμενος ἐν μιᾷ
20 τραπέζῃ μετ' αὐτοῦ; ὁ δὲ κύριος εἶπεν· Κάτελθε πρὸς
αὐτόν, καὶ περὶ τούτου μή σοι μελείτω· καθεζομένου γὰρ
σοῦ μετ' αὐτοῦ ἐγὼ ἀποστελῶ ἐπί σε πνεῦμα παμφάγον,
καὶ ἀναλίσκει ἐκ τῶν χειρῶν σου καὶ διὰ τοῦ στόματός
σου πάντα τὰ ἐπὶ τῆς τραπέζης· καὶ συνευφράνθητι μετ'
25 αὐτοῦ ἐν πᾶσιν· μόνον τὰ τοῦ ὁράματος διακρινεῖς καλῶς
ὅπως ἂν γνώσεται Ἀβραὰμ τὴν τοῦ θανάτου δρεπάνην,
καὶ τὸ τοῦ βίου ἄδηλον πέρας, καὶ ἵνα ποιήσῃ διάταξιν
περὶ πάντων τῶν ὑπαρχόντων αὐτοῦ, ὅτι ηὐλόγησα αὐτὸν
ὑπὲρ ἄμμον θαλάσσης, καὶ ὡς τοὺς ἀστέρας τοῦ οὐρανοῦ.
30   V. τότε ὁ ἀρχιστράτηγος κατῆλθεν εἰς τὸν οἶκον τοῦ
Ἀβραὰμ καὶ ἐκαθέσθη μετ' αὐτοῦ ἐν τῇ τραπέζῃ, Ἰσαὰκ
δὲ ὑπηρέτει αὐτοῖς· τελεσθέντος δὲ τοῦ δείπνου ἐποίησεν
Ἀβραὰμ τὴν κατὰ ἔθος εὐχήν, καὶ ὁ ἀρχάγγελος ηὔχετο
μετ' αὐτοῦ, καὶ ἀνεπαύσαντο ἕκαστος εἰς τὴν κλίνην

2—6 ὅτι οὐκ—δύναμαι] om AB by homoeoteleuton   18 ἐπιγ. κ. φθ.] ἐπι-
γείων παρέχουσι B; ἐπιφθαρτῶν C; ἐπιγ. φθαρτῶν ADE (A ἀφθάρτων)   33 καὶ
ὁ ἄγγελος ὁμοῖως F ends thus   34 ἀνεπαύσαντο] AD (-ατο D); ἀνέπεσεν
CE; ἔπεσεν B

may your power (i.e. you) know that I cannot pronounce the mention of death to that righteous man, for I have not seen his like upon the earth--merciful, hospitable, just, truthful, pious, refraining from any evil action. Now know, Lord, that I cannot pronounce the mention of death."

The Lord said, "Descend, Archistrategos Michael, to my friend Abraham and do whatever he says to you, and whatever he eats, you eat with him. I shall send my holy spirit upon his son Isaac and I shall cast the mention of his death into Isaac's heart, so that he will see his father's death in a dream. Then Isaac shall relate the dream and you will interpret it and he will learn of his own end."

Then the Archistrategos said, "Lord, all the heavenly spirits are incorporeal and neither eat nor drink and he has set before me a table with an abundance of all good earthly and corruptible things. Now, Lord, what shall I do? How shall I avoid his notice as I sit at one table with him?"

The Lord said, "Go down to him and do not concern yourself about this, for as you sit with him I shall send an all-devouring spirit upon you and it will consume everything which is upon the table from your hands and through your mouth. Rejoice together with him in everything; only interpret appropriately the matter of the dream so that Abraham may know the sickle of death and the uncertain end of life, and so that he may make disposition concerning all his possessions, for I have blessed him more than the sand of the sea and like the stars of heaven."

V. Then the Archistrategos descended to Abraham's house and sat down with him at the table and Isaac served them. When the meal was finished, Abraham prayed, as was his custom, and the archangel prayed with him, and they each lay to rest on his couch.

THE TESTAMENT OF ABRAHAM

ABCDER
F def.

αὐτοῦ. εἶπεν δὲ Ἰσαὰκ πρὸς τὸν πατέρα αὐτοῦ Πάτερ, ἤθελα κἀγὼ ἀναπαῆναι μεθ' ὑμῶν ἐν τῷ τρικλίνῳ τούτῳ, ἵνα ἀκούσω κἀγὼ τὰ διαλεγόμενα ὑμῶν· ἀγαπῶ γὰρ ἀκούειν τὴν διαφορὰν τῆς ὁμιλίας τοῦ παναρέτου ἀνδρὸς τούτου. εἶπεν δὲ Ἀβραάμ· Οὐχί, τέκνον, ἀλλὰ ἄπελθε ἐν 5 τῷ σῷ τρικλίνῳ καὶ ἀνάπαυσαι ἐν τῇ κλίνῃ σου, ἵνα μὴ γινώμεθα ἐπιβαρεῖς τῷ ἀνθρώπῳ τούτῳ. τότε Ἰσαὰκ λαβὼν τὴν εὐχὴν παρ' αὐτῶν, καὶ εὐλογήσας, ἀπῆλθεν ἐν τῷ ἰδίῳ τρικλίνῳ καὶ ἀνέπεσεν ἐπὶ τὴν κλίνην αὐτοῦ· ἔρριψεν δὲ ὁ θεὸς τὴν μνήμην τοῦ θανάτου εἰς τὴν καρδίαν 10 τοῦ Ἰσαὰκ ὡς ἐν ὀνείροις· καὶ περὶ ὥραν τρίτην τῆς νυκτὸς διυπνισθεὶς Ἰσαὰκ ἀνέστη ἀπὸ τῆς κλίνης αὐτοῦ καὶ ἦλθεν δρομαίως ἕως τοῦ τρικλίνου ἔνθα ὁ πατὴρ αὐτοῦ ἦν κοιμώμενος μετὰ τοῦ ἀρχαγγέλου. φθάσας οὖν Ἰσαὰκ πρὸς τὴν θύραν ἔκραζεν λέγων· Πάτερ Ἀβραάμ, ἀναστὰς 15 ἄνοιξόν μοι ταχέως, ὅπως εἰσέλθω καὶ κρεμασθῶ ἐν τῷ τραχήλῳ σου καὶ ἀσπάσωμαί σε πρὶν ἢ σε ἀροῦσιν ἀπ' ἐμοῦ. ἀναστὰς οὖν Ἀβραὰμ ἤνοιξεν αὐτῷ· εἰσελθὼν δὲ Ἰσαὰκ ἐκρεμάσθη ἐπὶ τὸν τράχηλον αὐτοῦ, καὶ ἤρξατο κλαίειν φωνῇ μεγάλῃ. συγκινηθεὶς οὖν τὰ σπλάγχνα ὁ 20 Ἀβραὰμ ἔκλαυσεν καὶ αὐτὸς μετ' αὐτοῦ φωνῇ μεγάλῃ· ἰδὼν δὲ ὁ ἀρχιστράτηγος αὐτοὺς κλαίοντας, ἔκλαυσεν καὶ αὐτός· Σάρρα δὲ ὑπάρχουσα ἐν τῇ σκηνῇ αὐτῆς ἤκουσεν τοῦ κλαυθμοῦ αὐτῶν καὶ ἦλθεν δρομαία ἐπ' αὐτούς, καὶ εὗρεν αὐτοὺς περιπλακομένους καὶ κλαίοντας· καὶ εἶπεν 25 Σάρρα μετὰ κλαυθμοῦ· Κύριέ μου Ἀβραάμ, τί ἐστιν τοῦτο ὅτι κλαίετε; ἀνάγγειλόν μοι, κύριέ μου, μὴ οὗτος ὁ ἀδελφὸς ὁ ἐπιξενισθεὶς ἡμῖν σήμερον φάσιν ἤνεγκέν σοι περὶ τοῦ ἀδελφιδοῦ σου Λώτ, ὅτι ἀπέθανεν, καὶ διὰ τοῦτο πενθεῖτε οὕτως; ὑπολαβὼν δὲ ὁ ἀρχιστράτηγος εἶπεν πρὸς 30 αὐτήν· Οὐχί, ἀδελφὴ Σάρρα, οὐκ ἔστιν οὕτως ὡς σὺ λέγεις· ἀλλὰ ὁ υἱός σου Ἰσαάκ, ὡς ἐμοὶ δοκεῖ, ὄνειρον ἐθεάσατο,

7 ἐπιβ. τῷ ἀνθρ.] ἐπιβαρὺς τοῦ A; παρενοχλεῖς τὸν B; ὑποβαρεῖς τοῦ CDE
8 καὶ εὐλ.] om ACDER   20 Here a long section is omitted by CDER but contained in AB. The text of CDER is as follows: τράχηλον τοῦ πατρὸς αὐτοῦ καὶ ἤρξατο κλαίειν φωνῇ μεγάλῃ· καὶ ἔκλαυσεν Ἀβραάμ· ἰδὼν δὲ ὁ ἀρχιστρ. κλαίοντας ἔκλαυσεν καὶ αὐτὸς μετ' αὐτῶν·   καταλιπὼν δὲ Ἀ. λέγει (see p. 83, l. 30).

Issac said to his father, "Father, I too wish to rest with you in this room so that I too may hear your conversation. For I like hearing the excellence of the discourse of this most virtuous man."

Abraham said, "No, son, but go to your own room and rest upon your own bed, lest we be burdensome to this man."

Then Isaac, having received their blessing and having blessed them, went to his own room and lay down upon his bed. God sent the mention of death into Isaac's heart as in a dream, and around the third hour of the night Isaac woke up and got up from his bed and ran to the room where his father was asleep with the archangel. Isaac, then, reached the door and cried out saying, "Father Abraham, arise and open up quickly for me so that I may come in and hang upon your neck and embrace you before they take you from me."

Therefore Abraham arose and opened up for him. Isaac entered, hung upon his neck, and began to cry loudly. Abraham, as a result of this, was also deeply moved and he too wept loudly with him. When the Archistrategos saw them weeping, he too wept, and Sarah, who was in her tent, heard their weeping and came up to them at a run and found them embracing and weeping. Sarah said, weeping, "My lord Abraham, why are you crying? Tell me, my lord, did this brother who has been our guest today bring you a message about your nephew Lot, that he is dead, and for this reason you are mourning thus?"

The Archistrategos replied and said to her, "No, sister Sarah, what you say is not the case, but your son Isaac, it seems to me, had a dream

καὶ ἦλθεν πρὸς ἡμᾶς κλαίων, καὶ ἡμεῖς τοῦτον ἰδόντες τὰ σπλάγχνα συνεκινήθημεν, καὶ ἐκλαύσαμεν.

VI. ἀκούσασα δὲ Σάρρα τὴν διαφορὰν τῆς ὁμιλίας τοῦ ἀρχιστρατήγου, εὐθὺς ἐγνώρισεν ὅτι ἄγγελος κυρίου ἐστὶν ὁ λαλῶν· συννεύει οὖν ἡ Σάρρα τὸν Ἀβραὰμ τὰ πρὸς τὴν θύραν ἔξω ἐλθεῖν, καὶ λέγει αὐτῷ· Κύριέ μου Ἀβραάμ, σὺ γινώσκεις τίς ἐστιν οὗτος ὁ ἀνήρ; εἶπεν δὲ Ἀβραάμ· Οὐ γινώσκω. εἶπεν δὲ Σάρρα· Ἐπίστασαι, κύριέ μου, τοὺς τρεῖς ἄνδρας τοὺς ἐπουρανίους τοὺς ἐπιξενισθέντας ἐν τῇ σκηνῇ ἡμῶν παρὰ τὴν δρῦν τὴν Μαμβρῆ ὅτε ἔσφαξας τὸν μόσχον τὸν ἄμωμον καὶ παρέθηκας αὐτοῖς τράπεζαν· δαπανηθέντων δὲ τῶν κρεάτων, ἠγέρθη πάλιν ὁ μόσχος καὶ ἐθήλαζεν τὴν μητέρα αὐτοῦ ἐν ἀγαλλιάσει· οὐκ οἶδας, κύριέ μου Ἀβραάμ, ὅτι καὶ καρπὸν κοιλίας ἐξ ἐπαγγελίας ἡμῖν ἐδωρήσαντο τὸν Ἰσαάκ; ἐκ γὰρ τῶν τριῶν ἁγίων ἀνδρῶν ἐκείνων οὗτος ἐστιν ὁ εἷς ἐξ αὐτῶν. εἶπεν δὲ Ἀβραάμ· Ὦ Σάρρα, τοῦτο ἀληθὲς εἴρηκας· δόξα καὶ εὐλογία παρὰ θεοῦ καὶ πατρός· καὶ γὰρ ἐγὼ τῇ ὀψὲ βραδείᾳ, ὅτε ἔνιπτον τοὺς πόδας αὐτοῦ ἐν τῇ λεκάνῃ τοῦ νιπτῆρος εἶπον ἐν τῇ καρδίᾳ μου· Οὗτοι οἱ πόδες ἐκ τῶν τριῶν ἀνδρῶν εἰσὶν οὓς ἔνιψα τότε. καὶ τὰ δάκρυα αὐτοῦ ὀψὲ ἐν τῷ νιπτῆρι πίπτοντα ἐγένοντο λίθοι τίμιοι. καὶ ἐκβαλὼν ἐκ τοῦ κόλπου αὐτοῦ δέδωκεν αὐτὰ τῇ Σάρρᾳ, λέγων· Εἰ ἀπιστεῖς μοι, νῦν θέασαι ταῦτα. λαβοῦσα δὲ αὐτὰ ἡ Σάρρα προσεκύνησεν καὶ ἠσπάσατο καὶ εἶπεν· Δόξα τῷ θεῷ τῷ δεικνύοντι ἡμῖν θαυμάσια· καὶ νῦν γίνωσκε, κύριέ μου Ἀβραάμ, ὅτι ἀποκάλυψίς τινος ἔργου ἐστὶν ἐν ἡμῖν, κἄν τε πονηρὸν κἄν τε ἀγαθόν.

VII. καταλιπὼν δὲ Ἀβραὰμ τὴν Σάρραν εἰσῆλθεν ἐν τῷ τρικλίνῳ καὶ εἶπεν πρὸς Ἰσαάκ· Δεῦρο υἱέ μου ἀγαπητέ, ἀνάγγειλόν μοι τὴν ἀλήθειαν, τί τὰ ὁραθέντα καὶ τί πέπονθας ὅτι οὕτω δρομαίως εἰσῆλθες πρὸς ἡμᾶς; ὑπολαβὼν δὲ Ἰσαὰκ ἤρξατο λέγειν· Εἶδον ἐγώ, κύριέ μου, τῇ νυκτὶ ταύτῃ τὸν ἥλιον καὶ τὴν σελήνην ὑπεράνω τῆς

---

11 ὅτε—παρέθ.] θήσαντες ὑμεῖς παρέθ. A   12 ἠγέρθη] εἰσῆλθεν A
14 ἴδες A   18 εὐλογ.] δόξα εἰ καὶ κρίνει B   19 ὀψὲ βραδὺ B; ὄψει βραδείᾳ A   27 ἀποκάλυψις—ἡμῖν] ἀποκάλυψιν τινὸς ἔργου ὑμῖν A

and came to us in tears, and when we saw him we were moved
deeply together with him and we wept."

VI. When Sarah heard the distinction of the discourse of
the Archistrategos, at once she recognized that the speaker
was an angel of the Lord. Therefore Sarah beckoned to
Abraham to come to the door outside and said to him, "My
lord Abraham, do you know who this man is?"

Abraham said, "I do not know."

Sarah said, "You know, my lord, the three heavenly
men who were guests in our tent by the oak tree Mamre, when
you slaughtered the unblemished calf and set a table for
them. When the meat had been eaten, the calf arose again
and sucked its mother happily. Do you not realize, my
lord Abraham, that they gave us the promised fruit of (the)
womb, Isaac? This man is one of those three holy men."

Abraham said, "O Sarah, you have spoken the truth.
Glory and praise from God and Father, for I too, late in
the evening when I was washing his feet in the bowl of the
basin, said to myself, 'These feet are of (one of) the
three men (whose feet) I washed at that time.' And later
his tears which fell into the basin became precious stones."
And drawing them out of his bosom, he gave them to Sarah
saying, "If you doubt me, now look at these."

Sarah took them and bowed down and embraced (him) and
said, "Glory to God who shows us wonders, and now know,
my lord Abraham, that there is the revelation of some matter
in our midst, be it evil or good."

VII. Abraham left Sarah and entered the chamber and said
to Isaac, "Come here, beloved son; tell me the truth. What
did you see and what did you experience that you ran in
to us in this way?"

Isaac answered and began to say, "I saw, my lord, in
this night, the sun and the moon above

16 THE TESTAMENT OF ABRAHAM.

ABCDER κεφαλῆς μου, καὶ τὰς ἀκτῖνας αὐτοῦ κυκλοῦντα καὶ φωταγωγοῦντά με· καὶ ταῦτα οὕτως ἐμοῦ θεωροῦντος καὶ ἀγαλλιωμένου, εἶδον τὸν οὐρανὸν ἀνεῳγότα, καὶ εἶδον ἄνδρα φωτοφόρον ἐκ τοῦ οὐρανοῦ κατελθόντα ὑπὲρ ἑπτὰ ἡλίους ἀστράπτοντα· καὶ ἐλθὼν ὁ ἀνὴρ ὁ ἡλιόμορφος ἐκεῖνος ἔλα- 5
βεν τὸν ἥλιον ἀπὸ τῆς κεφαλῆς μου, καὶ ἀνῆλθεν εἰς τοὺς οὐρανοὺς ὅθεν καὶ ἐξῆλθεν· ἐγὼ δὲ ἐλυπήθην μεγάλως ὅτι ἔλαβεν τὸν ἥλιον ἀπ' ἐμοῦ· καὶ μετ' ὀλίγον ὡς ἔτι ἐμοῦ λυπουμένου καὶ ἀδημονοῦντος, εἶδον τὸν ἄνδρα ἐκεῖνον ἐκ δευτέρου ἐκ τοῦ οὐρανοῦ ἐξελθόντα· καὶ ἔλαβεν ἀπ' ἐμοῦ 10
καὶ τὴν σελήνην ἐκ τῆς κεφαλῆς μου· ἔκλαυσα δὲ μεγάλως καὶ παρεκάλεσα τὸν ἄνδρα ἐκεῖνον τὸν φωτοφόρον καὶ εἶπον· Μὴ, κύριέ μου, μὴ ἄρῃς τὴν δόξαν μου ἀπ' ἐμοῦ, ἐλέησόν με καὶ εἰσάκουσόν μου· καὶ κἂν τὸν ἥλιον ἄρας ἀπ' ἐμοῦ, κἂν τὴν σελήνην ἔασον ἐπ' ἐμέ. αὐτὸς δὲ εἶπεν 15
Ἄφες ἀναληφθῆναι αὐτοὺς πρὸς τὸν ἄνω βασιλέα, ὅτι θέλει αὐτοὺς ἐκεῖ. καὶ ᾖρεν αὐτοὺς ἀπ' ἐμοῦ, τὰς δὲ ἀκτῖνας ἔασεν ἐπ' ἐμέ. εἶπεν δὲ ὁ ἀρχιστράτηγος· Ἄκουσον, δίκαιε Ἀβραάμ· ὁ ἥλιος ὃν ἑώρακεν ὁ παῖς σου, σὺ εἶ, ὁ πατὴρ αὐτοῦ· καὶ ἡ σελήνη ὁμοίως ἡ μήτηρ αὐτοῦ Σάρρα 20
ὑπάρχουσα· ὁ δὲ ἀνὴρ· ὁ φωτοφόρος ὁ ἐκ τοῦ οὐρανοῦ καταβὰς, οὗτός ἐστιν ὁ ἐκ τοῦ θεοῦ ἀποσταλείς, ὁ μέλλων λαβεῖν τὴν δικαίαν σου ψυχὴν ἀπό σου. καὶ νῦν γίνωσκε, τιμιώτατε Ἀβραάμ, ὅτι μέλλεις ἐν τῷ καιρῷ τούτῳ καταλιπεῖν τὸν κοσμικὸν βίον καὶ πρὸς τὸν θεὸν ἐκδημεῖν. 25
εἶπεν δὲ Ἀβραὰμ πρὸς τὸν ἀρχιστράτηγον· Ὦ θαῦμα θαυμάτων καινότερον! καὶ λοιπὸν σὺ εἶ ὁ μέλλων λαβεῖν τὴν ψυχήν μου ἀπ' ἐμοῦ; λέγει αὐτῷ ὁ ἀρχιστράτηγος·
Ἐγώ εἰμι Μιχαὴλ ὁ ἀρχιστράτηγος ὁ παρεστηκὼς ἐνώπιον τοῦ θεοῦ, καὶ ἀπεστάλην πρός σε ὅπως ἀναγγείλω 30

1 κυκλ. κ. φωτ.] κλητὰς καὶ φωταγουγοῦντας CE   4 ὑπὲρ ἑπτὰ ἡλ.] ὑπὲρ ἐξ ἡλιον A; ὑπὲρ πάσας ἡλίους B   6—11 καὶ ἀνῆλθεν—κεφαλῆς μου] om B by homœot.   14 ἐλέησον—εἰσάκ. μου] om A   16—18 ἄφες—ἐπ' ἐμέ] ἄφες ἀρτίως ἀναληφθέντος αὐτοῦ ἀπ' ἐμοῦ τοὺς δὲ ἀκτίνας αὐτὸν ἔασεν A; ἄφες ἀναληφθῆναι αὐτοὺς ἐκεῖ καὶ ᾖρεν αὐτοὺς ἀπ' ἐμοῦ καὶ τὰς ἀκτ. αὐτοῦ B; ἄφες αὐτοὺς ἀπελθεῖν ὅτι θέλει αὐτοὺς ὁ ἄνω βασ. D   20 ὁμοίως] om B   21 ὑπάρχουσα] om B; ὑπῆρχεν CE   25 κόσμον καὶ τὸν βίον B; κόσμον CE   29 ὁ παρεστ.—κῡ] BD; ἀρχιστ. κῡ ACE

my head and it surrounded me with its[4] rays and illuminated
me. And while I saw these things thus and rejoiced, I
saw the heaven opened and I saw a luminous man descending
from heaven, shining more than seven suns. And this man
of the sunlike form came and took the sun from my head and
went back up into the heavens from which he had descended.
Then I was very sad because he took the sun from me, and
after a little time, while I was still mourning and distressed, I saw this man coming forth from heaven a second
time, and he took the moon from me, from my head. I wept
greatly and entreated that luminous man and said, 'My lord,
take not my glory from me; have mercy on me and hearken to
me. If you take the sun from me, at least leave me the
moon.' He said, 'Allow them to be taken up to the king on
high, for he wants them there.' And he took them from me,
but he left the rays upon me."

The Archistrategos said, "Hear, O righteous Abraham!
The sun which your child saw is you, his father, and the
moon similarly is his mother Sarah. The luminous man who
descended from heaven is he who is sent by God, who will
take your righteous soul from you. Now know, most honored
Abraham, that at this time you are going to leave the worldly
life and depart to God."

Abraham said to the Archistrategos, "O strangest
marvel of marvels! And for the rest, are you he who is
going to take my soul from me?"

The Archistrategos said to him, "I am Michael the
Archistrategos who stands before God, and I was sent to
you to announce

RECENSION A.

σοι τὴν τοῦ θανάτου μνήμην· καὶ εἶθ᾽ οὕτως ἀπελεύσομαι ABCDER
πρὸς αὐτὸν καθὼς ἐκελεύσθημεν. καὶ εἶπεν Ἀβραάμ· Νῦν
ἔγνωκα ἐγὼ ὅτι ἄγγελος κυρίου εἶ σύ, καὶ ἀπεστάλης
λαβεῖν τὴν ψυχήν μου· ἀλλ᾽ οὐ μή σοι ἀκολουθήσω· ἀλλ᾽
5 ὅπερ κελεύει[ς] ποίησον.

VIII. ὁ δὲ ἀρχιστράτηγος ἀκούσας τὸ ῥῆμα τοῦτο,
εὐθέως ἀφανὴς ἐγένετο· καὶ ἀνελθὼν εἰς τὸν οὐρανὸν ἔστη
ἐνώπιον τοῦ θεοῦ καὶ ἀνήγγειλεν πάντα ὅσα εἶδεν εἰς τὸν
οἶκον Ἀβραάμ· εἶπεν δὲ καὶ τοῦτο ὁ ἀρχιστράτηγος πρὸς
10 τὸν δεσπότην ὅτι Καὶ τοῦτο λέγει ὁ φίλος σου Ἀβραὰμ
ὅτι Οὐ μή σοι ἀκολουθήσω, ἀλλ᾽ ὅπερ κελεύει[ς] ποίησον·
ἀρτίως δέσποτα παντοκράτωρ, εἴ τι κελεύει ἡ σὴ δόξα καὶ ἡ
βασιλεία ἡ ἀθάνατος; εἶπεν δὲ ὁ θεὸς πρὸς τὸν ἀρχιστρά-
τηγον Μιχαήλ· Ἄπελθε πρὸς τὸν φίλον μου Ἀβραὰμ ἔτι
15 ἅπαξ καὶ εἶπε αὐτῷ οὕτως· ὅτι Τάδε λέγει κύριος ὁ θεός σου,
ὁ εἰσαγαγών σε ἐν τῇ γῇ τῆς ἐπαγγελίας, ὁ εὐλογήσας σε
ὑπὲρ τὴν ἄμμον τῆς θαλάσσης καὶ ὑπὲρ τοὺς ἀστέρας τοῦ
οὐρανοῦ, ὁ διανοίξας μήτραν Σάρρας τῆς στειρώσης καὶ
χαρισάμενός σοι καρπὸν κοιλίας ἐν γήρει τὸν Ἰσαάκ· Ἀμὴν
20 λέγω σοι ὅτι εὐλογῶν εὐλογήσω σε καὶ πληθύνων πλη-
θυνῶ τὸ σπέρμα σου, καὶ δώσω σοι πάντα ὅσα ἂν αἰτήσῃς
παρ᾽ ἐμοῦ, ὅτι ἐγώ εἰμι κύριος ὁ θεός σου, καὶ πλὴν ἐμοῦ
οὐκ ἔστιν ἄλλος· σὺ δὲ τί ἀνθέστηκας ἀπ᾽ ἐμοῦ καὶ τί ἐν
σοὶ λύπη, ἀνάγγειλον· καὶ ἵνα τί ἀνθέστηκας ἀπὸ τὸν
25 ἀρχάγγελόν μου Μιχαήλ; ἢ οὐκ οἶδας ὅτι οἱ ἀπὸ Ἀδὰμ
καὶ Εὔας πάντες ἀπέθανον; καὶ οὐδεὶς ἐκ τῶν προφητῶν
τὸν θάνατον ἐξέφυγεν· καὶ οὐδεὶς ἐκ τῶν βασιλευόντων
ὑπάρχει ἀθάνατος· οὐδεὶς ἐκ τῶν προπατόρων ἐξέφυγεν
τὸ τοῦ θανάτου μυστήριον· πάντες ἀπέθανον, πάντες ἐν τῷ
30 ᾅδῃ κατηλλάξαντο, πάντες τῇ τοῦ θανάτου δρεπάνῃ συλ-
λέγονται· ἐπὶ δέ σε οὐκ ἀπέστειλα θάνατον, οὐκ εἴασα

1 ἀπελεύσομαι—ἐκελεύσθημεν] ἀπελευσόμεθα πρὸς τὸν ἄνω (πάντων E) βασι-
λέα CE   2 ἐκελεύσθημεν] ἐκέλευσέν μοι A   4 σοι] σει A; σε BCDE
4, 5 ἀλλ᾽—ποίησον] ὅπερ νῦν κελ. ποιήσων A; δι᾽ ὅνπερ κελεύεις ποιῆσαι B; om
CDE: txt from l. 11 where AB omit   18—24 ὁ διανοίξας—ἀνάγγειλον]
om CDE   26 καὶ οὐδεὶς—θαν. ἐξέφυγεν] om ACDE   28, 29 οὐδεὶς—
μυστήριον] om B   28 προπατ.] πατέρων AE   29 μυστ.] κειμήλιον
ADE   30, 31 πάντες τῇ—συλλέγ.] πάντας ἡ κ.τ.λ. συλλέγεται B; om CDE

to you the mention of death, and then I shall return to him as we were commanded."

Abraham said, "Now I know that you are an angel of the Lord, and that you were sent to take my soul, but I shall not follow you, but do whatever he commands (or: you are commanded)."

VIII. When the Archistrategos heard this speech, he at once became invisible and ascending to heaven he stood before God and related everything which he had seen in Abraham's house. The Archistrategos also said this to the Master, "This too your friend Abraham said, 'I shall not follow you, but do whatever he commands (or: you are commanded).' Now, almighty Master, what do your glory and the immortal kingdom (i.e. what do you) command?"

God said to the Archistrategos Michael, "Go to my friend Abraham once more and speak to him like this: 'Thus says the Lord your God who led you into the land of the promise, who blessed you more than the sand of the sea and more than the stars of the heavens, who opened the womb of the sterile Sarah and granted you fruit of (the) womb in your old age, Isaac. Indeed I say to you that I shall surely bless you and shall surely increase your seed and I shall grant you everything which you ask of me, for I am the Lord your God and there is no other but me. As for you, tell (me), why have you set yourself up against me, and why is there grief in you? And for what reason have you set yourself up against my archangel Michael? Do you not know that all who have come from Adam and Eve have died, and none of the prophets has escaped death, and none of the rulers has been immortal, and none of the forefathers has escaped the mystery of death? All have died; all have gone to Hades; all have been gathered by the sickle of death. To you I did not send Death; I did not permit

ABCDER νόσον θανατηφόρον ἐπελθεῖν σοι· οὐ συνεχώρησα τῇ τοῦ θανάτου δρεπάνῃ συναντῆσαί σοι, οὐ παρεχώρησα τὰ τοῦ ᾅδου δίκτυα συμπλέξαι σε, οὐκ ἠθέλησά ποτέ τινι κακῷ συναντῆσαί σε· ἀλλὰ πρὸς παράκλησιν ἀγαθὴν τὸν ἐμὸν ἀρχιστράτηγον Μιχαὴλ ἐξαπέστειλα πρός σε, ἵνα γνώσῃς 5 τὴν ἐκ τοῦ κόσμου μετάστασιν, καὶ ποιήσῃς διάταξιν περὶ τοῦ οἴκου σου, καὶ περὶ πάντων τῶν ὑπαρχόντων σοι, καὶ ὅπως εὐλογήσῃς τὸν Ἰσαὰκ τὸν υἱόν σου τὸν ἀγαπητόν. καὶ νῦν γνώρισον ὅτι μὴ θέλων λυπῆσαί σε ταῦτα πεποίηκα. καὶ ἵνα τί εἶπας πρὸς τὸν ἀρχιστράτηγόν μου 10 ὅτι Οὐ μή σοι ἀκολουθήσω; ἵνα τί ταῦτα εἴρηκας; καὶ οὐκ οἶδας ὅτι ἐὰν ἐάσω τὸν θάνατον καὶ ἐπέλθῃ σοι, τότε ἂν εἶχον ἰδεῖν κἂν ἔρχῃ κἂν οὐκ ἔρχῃ;

IX. λαβὼν δὲ ὁ ἀρχιστράτηγος τὰς παραινέσεις τοῦ κυρίου κατῆλθεν πρὸς τὸν Ἀβραάμ· καὶ ἰδὼν αὐτὸν ὁ 15 δίκαιος ἔπεσεν ἐπὶ πρόσωπον εἰς τὸ ἔδαφος τῆς γῆς ὡς νεκρός, ὁ δὲ ἀρχιστράτηγος εἶπεν αὐτῷ πάντα ὅσα ἤκουσεν παρὰ τοῦ ὑψίστου· τότε οὖν ὁ ὅσιος καὶ δίκαιος Ἀβραὰμ ἀναστὰς μετὰ πολλῶν δακρύων προσέπεσεν τοῖς ποσὶν τοῦ ἀσωμάτου καὶ ἱκέτευεν λέγων· Δέομαί σου, ἀρχιστρά- 20 τηγε τῶν ἄνω δυνάμεων, ἐπειδὴ κατηξίωσας ὅλως αὐτὸς πρὸς ἐμὲ τὸν ἁμαρτωλὸν καὶ ἀνάξιον δοῦλόν σου καθεκάστην ἔρχεσθαι, παρακαλῶ σε καὶ νῦν, ἀρχιστράτηγε, τοῦ διακονῆσαί μοι λόγον ἔτι ἅπαξ πρὸς τὸν ὕψιστον, καὶ ἐρεῖς αὐτῷ ὅτι Τάδε λέγει Ἀβραὰμ ὁ οἰκέτης σου ὅτι 25 Κύριε, κύριε, ἐν παντὶ ἔργῳ καὶ λόγῳ ὃ ᾐτησάμην σε εἰσήκουσάς μου, καὶ πᾶσαν τὴν βουλήν μου ἐπλήρωσας· καὶ νῦν, κύριε, οὐκ ἀνθίσταμαι τὸ σὸν κράτος, ὅτι κἀγὼ γινώσκω ὅτι οὐκ εἰμὶ ἀθάνατος ἀλλὰ θνητός· ἐπειδὴ οὖν τῇ σῇ προστάξει πάντα ὑπείκει καὶ φρίττει καὶ τρέμει ἀπὸ προσ- 30

1, 2 οὐ συνεχώρ.—συναντ. σοι] om B   2, 3 οὐ παρεχώρ.—συμπλέξαι σε] om CDE   3 ᾅδου] θανάτου B   3, 4 σε] σοι AB (bis)   4 παράκλησιν] παράταξιν B   9 καὶ νῦν—πεποίηκα] om CDE   12, 13 τότε—οὐκ ἔρχῃ] τότε ἴδῃς...ἔρχεσαι B; τότε ἰδεῖν ἔχεις CE; om D   14—17 τὰς παραιν.—ἀρχιστρ.] om B   15—17 καὶ ἰδὼν—νεκρός] ἔπεσεν δὲ Ἀ. εἰς τ. πόδας τοῦ ἀρχιστ. Μιχ. CE; καὶ ἰδὼν αὐτὸν ἔπεσεν Ἀ. D   19, 20 προσέπεσεν—ἀσωμ. καί] om BCDE   26, 27 εἰσήκουσάς μου καὶ πᾶσαν] ἐποίησας καὶ ἔδωκάς μοι κατὰ τῆς καρδίας μου καὶ πᾶσαν Α   30 ὑπείκει] ὑπείκηνται Α; ὑπήκει Β; ἐπίχῃ C (-κη E); ὑπακούει D

a deadly disease to come upon you; I did not permit the
sickle of death to encounter you; I did not allow the nets
of Hades to ensnare you, nor did I ever wish you to meet
any evil. Rather for good consolation I sent my Archi-
strategos Michael to you that you might learn of your trans-
fer from the world and might make disposition concerning
your house and concerning all your possessions, and that
you might bless Isaac your beloved son. Now know that I
did these things because I did not wish to distress you.
Why did you say to my Archistrategos, "I will not follow
you"? Why did you say these things? Do you not know that
if I permit Death to come to you, then I would be able to
see whether you would come or not come?'"

IX. The Archistrategos took the exhortations of the Lord
and descended to Abraham. When the righteous man saw him,
he fell upon his face flat on the ground like a dead man.
The Archistrategos told him everything which he had heard
from the Most High. Then, therefore, the holy and righteous
Abraham arose with many tears and cast himself at the feet
of the incorporeal one and implored him saying, "I beg you,
Archistrategos of the upper powers, since you have thought
it quite proper to come yourself to me who am a sinner and
in all ways your worthless servant, I ask you now too, O
Archistrategos, once again to transmit a speech for me to
the Most High and to say to him, 'Thus says Abraham, your
slave, "Lord, Lord, in every deed and word which I have asked
of you, you have hearkened to me and have fulfilled all my
desire. And now, O Lord, I do not take a stand against your
power, for I know that I am not immortal but mortal. Since,
therefore, at your command everything yields and shakes
and trembles

22　RECENSION A.

ὅπου δυνάμεώς σου, κἀγὼ δέδοικα, ἀλλὰ μίαν αἴτησιν αἰ- ABCDER
τοῦμαι παρά σου· καὶ νῦν, δέσποτα κύριε, εἰσάκουσόν μου
τῆς δεήσεως, ὅτι ἔτι ἐν τούτῳ τῷ σώματι ὢν θέλω ἰδεῖν
πᾶσαν τὴν οἰκουμένην καὶ τὰ ποιήματα πάντα ἃ διὰ
5 λόγου ἑνὸς συνέστησας, δέσποτα, καὶ ὅτε ἴδω ταῦτα, τότε
ἐὰν μεταβῶ τοῦ βίου ἄλυπος ἔσομαι. ἀπῆλθεν οὖν πάλιν ὁ
ἀρχιστράτηγος καὶ ἔστη ἐνώπιον τοῦ θεοῦ καὶ ἀνήγγειλεν
αὐτῷ πάντα, λέγων· Τάδε λέγει ὁ φίλος σου Ἀβραάμ, ὅτι
Ἤθελον θεάσασθαι πᾶσαν τὴν οἰκουμένην ἐν τῇ ζωῇ μου,
10 πρὸ τοῦ ἀποθανεῖν με. ἀκούσας δὲ ταῦτα ὁ ὕψιστος,
πάλιν κελεύει τὸν ἀρχιστράτηγον Μιχαὴλ καὶ λέγει αὐτῷ·
Λάβε νεφέλην φωτός, καὶ ἀγγέλους τοὺς ἐπὶ τῶν ἁρμάτων
τὴν ἐξουσίαν ἔχοντας, καὶ κατελθὼν λάβε τὸν δίκαιον
Ἀβραὰμ ἐπὶ ἅρματος χερουβικοῦ καὶ ὕψωσον αὐτὸν εἰς
15 τὸν αἰθέρα τοῦ οὐρανοῦ ὅπως ἴδῃ πᾶσαν τὴν οἰκουμένην.

X. καὶ κατελθὼν ὁ ἀρχάγγελος Μιχαὴλ ἔλαβεν τὸν
Ἀβραὰμ ἐπὶ ἅρματος χερουβικοῦ καὶ ὕψωσεν αὐτὸν εἰς
τὸν αἰθέρα τοῦ οὐρανοῦ καὶ ἤγαγεν αὐτὸν ἐπὶ τῆς νεφέλης
καὶ ἑξήκοντα ἀγγέλους καὶ ἀνήρχετο ὁ Ἀβραὰμ ἐπὶ ὀχή-
20 ματος ἐφ' ὅλην τὴν οἰκουμένην· καὶ θεωρεῖ Ἀβραὰμ τὸν
κόσμον καθὼς εἶχεν ἡ ἡμέρα ἐκείνη, ἄλλους μὲν ἀροτριῶν-
τας, ἑτέρους ἁμαξηγοῦντας, ἐν ἄλλῳ δὲ τόπῳ ποιμαινεύ-
οντας, ἀλλαχοῦ ἀγραυλοῦντας, καὶ ὀρχουμένους καὶ παί-
ζοντας καὶ κιθαρίζοντας, ἐν ἄλλῳ δὲ τόπῳ παλαίοντας καὶ
25 δικαζομένους, ἀλλαχοῦ κλαίοντας, ἔπειτα καὶ τεθνεῶτας ἐν
μνήματι ἀγομένους· εἶδεν δὲ καὶ νεονύμφους ὀψικευομέ-
νους· καὶ ἁπλῶς εἰπεῖν, εἶδεν πάντα τὰ ἐν κόσμῳ γινόμενα,
ἀγαθά τε καὶ πονηρά. διερχόμενος οὖν ὁ Ἀβραὰμ εἶδεν
ἄνδρας ξιφηφόρους, ἐν ταῖς χερσὶν αὐτῶν κρατοῦντας ξίφη
30 ἠκονημένα, καὶ ἠρώτησεν Ἀβραὰμ τὸν ἀρχιστράτηγον·

4—6 καὶ τὰ ποιήμ.—ἔσομαι] καὶ οἴ τη ἐτούμε μετὰ πάντα καὶ νῦν ἐὰν μετα-
στῷ τοῦ βίου ἀλήπτως ἔσομαι (C)E   8—10 λέγων—ἀποθανεῖν με] καθὰ
ἤκουσεν περὶ τοῦ Ἀβρ. B; om CE; ἃ παρὰ τοῦ Ἀ. ἤκουσεν D   16—20 ἔλαβεν
—οἰκουμένην] ἔλαβεν τὸν Ἀ. ἐπὶ ὀχήματος ἐφ' ὅλην τ. οἰκ. B   20 θεωρεῖ]
ἑώρα A   20, 21 καὶ θεωρ.—τὸν κόσμον] om CDE   22 ἁμαξηγοῦντας B (-ιγ-);
ἅμα ἐξηγοῦντας A; ἁμαξιζήτουντας C; ἁμαξοζυγοῦντας D; ἁμάξας ἡγοῦντας E
ἐν ἄλλῳ—ποιμ.] om CDE   23, 24 καὶ ὀρχ.—κιθαρίζ.] om B   24 καὶ
κιθαρίζ.] om CDE   παλαίοντας] ἀπολαβόντας D   25, 26 τεθν.—ὀψικ.]
om B   26, 27 ὀψικ.—εἰπεῖν] om D   27 εἰπεῖν] om CE   εἶδεν] om B

before your power, and I too fear, yet I would make one
request of you. Now, Master, Lord, hearken to my request,
for while I am still in this body I wish to see the whole
of the inhabited world and all the creations which you
established through one single word. When I have seen these
things, then, if I depart from this life I shall be without
sorrow."'"

Therefore the Archistrategos departed again and stood
before God and reported everything to him saying, "Thus
says your friend Abraham, 'I desire to see all the inhabited
world in my life before I die.'"

When the Most High heard this, he once more ordered
the Archistrategos Michael and said to him, "Take a cloud
of light and angels who have power over the chariots and
descend and take the righteous Abraham upon a cherubim
chariot and elevate him to the aether of heaven that he
might see all the inhabited world."

X. And the archangel Michael descended and took Abraham
upon the cherubim chariot and elevated him to the aether
of heaven and led him upon the cloud ⌈and sixty angels⌉,
and Abraham ascended upon the carriage over all the inhabited
world. Abraham saw the world as it was on that day:
some men were plowing, others were leading carriages, in
another place they were shepherding, elsewhere herding
overnight, and dancing and frolicking and playing the zither,
in another place they were wrestling and pleading cases,
elsewhere they were weeping and then burying the dead; and
he saw too newlyweds walking in procession. In short, he
saw everything which was happening in the world, both
good and evil. Proceeding, therefore, Abraham saw swords-
men with sharpened swords in their hands, and Abraham asked
the Archistrategos,

ABCDER Τίνες εἰσιν οὗτοι; καὶ εἶπεν ὁ ἀρχιστράτηγος· Οὗτοί εἰσιν κλέπται, οἱ βουλόμενοι φόνον ἐργάζεσθαι καὶ κλέψαι καὶ θῦσαι καὶ ἀπολέσαι. εἶπεν δὲ Ἀβραάμ· Κύριε, κύριε, εἰσάκουσον τῆς φωνῆς μου καὶ κέλευσον ἵνα ἐξέλθωσιν θηρία ἐκ τοῦ δρυμοῦ καὶ καταφάγωσιν αὐτούς. καὶ ἅμα 5 τῷ λόγῳ αὐτοῦ ἐξῆλθον θηρία ἐκ τοῦ δρυμοῦ καὶ κατέφαγον αὐτούς· καὶ εἶδεν εἰς ἕτερον τόπον ἄνδρα μετὰ γυναικὸς εἰς ἀλλήλους πορνεύοντας, καὶ εἶπεν· Κύριε, κύριε, κέλευσον ὅπως χάνῃ ἡ γῆ καὶ καταπίῃ αὐτούς. καὶ εὐθὺς ἐδιχάσθη ἡ γῆ καὶ κατέπιεν αὐτούς· καὶ εἶδεν εἰς ἕτερον 10 τόπον ἀνθρώπους διορύσσοντας οἶκον καὶ ἁρπάζοντας ἀλλότρια πράγματα, καὶ εἶπεν· Κύριε, κύριε, κέλευσον ἵνα κατέλθῃ πῦρ ἐξ οὐρανοῦ καὶ καταφάγῃ αὐτούς. καὶ ἅμα τῷ λόγῳ αὐτοῦ κατῆλθεν πῦρ ἐκ τοῦ οὐρανοῦ καὶ κατέφαγεν αὐτούς. καὶ εὐθέως ἦλθεν φωνὴ ἐκ τοῦ οὐρανοῦ 15 πρὸς τὸν ἀρχιστράτηγον, λέγων οὕτως· Κέλευσον, ὦ Μιχαὴλ ἀρχιστράτηγε, στῆναι τὸ ἅρμα, καὶ ἀπόστρεψον τὸν Ἀβραάμ, ἵνα μὴ ἴδῃ πᾶσαν τὴν οἰκουμένην· ἢν γὰρ ἴδῃ πάντας τοὺς ἐν ἁμαρτίᾳ διάγοντας, ἀπολέσει πᾶν τὸ ἀνάστημα· ἰδοὺ γὰρ ὁ Ἀβραὰμ οὐχ ἥμαρτεν, καὶ τοὺς ἁμαρ- 20 τωλοὺς οὐκ ἐλεᾷ· ἐγὼ δὲ ἐποίησα τὸν κόσμον, καὶ οὐ θέλω ἀπολέσαι ἐξ αὐτῶν οὐδένα, ἀναμένω δὲ τὸν θάνατον τοῦ ἁμαρτωλοῦ, ἕως τοῦ ἐπιστρέψαι καὶ ζῆν αὐτόν· ἀνάγαγε δὲ τὸν Ἀβραὰμ ἐν τῇ πρώτῃ πύλῃ τοῦ οὐρανοῦ, ὅπως θεάσηται ἐκεῖ τὰς κρίσεις καὶ ἀνταποδόσεις, καὶ μετανοήσῃ 25 ἐπὶ τὰς ψυχὰς τῶν ἁμαρτωλῶν ἃς ἀπώλεσεν.

XI. ἔστρεψεν δὲ ὁ Μιχαὴλ τὸ ἅρμα καὶ ἤνεγκε τὸν Ἀβραὰμ ἐπὶ τὴν ἀνατολὴν ἐν τῇ πύλῃ τῇ πρώτῃ τοῦ οὐρανοῦ. καὶ εἶδεν Ἀβραὰμ δύο ὁδούς· ἡ μία ὁδὸς στενὴ καὶ τεθλιμμένη καὶ ἡ ἑτέρα πλατεῖα καὶ εὐρύχωρος <καὶ 30

1 οὗτοι (pr.)]+ἀσώματε CE   5—7 καὶ ἅμα—αὐτούς] καὶ εὐθὺς ἐγένετο οὕτως B; om CE   8 εἰς ἀλλήλους] om CE   9, 10 καὶ εὐθ.—αὐτούς] CDE (ἐσχίσθη D); om AB   11 ἀνθρ. διορ.] ἀνοῦς δύο ῥίπτοντας A; ἀνοῦς δύο ὀρυσσομένοις B; ἀνθρ. διορύγοντας CE; ἄνδρας διορύσσοντας D   13—15 καὶ ἅμα—αὐτούς] om BCDE   18 B has ἵνα μὴ ἴδῃ· εἶδεν δὲ πολλὰς ψυχὰς etc. (p. 89, l. 5) omitting ten lines.   22 ἀναμένω δὲ] ἀναμ. γὰρ CE; ἀλλ᾽ ἀναμ. D   23 ζῆν αὐτόν] ζῆσαι A   25 τὰς κρίσεις κ. ἀντ.] τὴν κρίσιν κ. ἀντ. CDE   27 Μιχ.] ἀρχιστρ. CE; ἀρχάγγ. D   28 ἐπὶ τὴν ἀνατ.] om D   ἐπὶ τὴν ἀνατ.—Ἀβρ.] om A by homœoteleuton   29, 30 corrupt. The

"Who are these?"

The Archistrategos said, "These are thieves who wish to commit murder and steal and kill and destroy."

Abraham said, "Lord, lord, hearken to my voice and command wild beasts to come forth from the woods and devour them." And as he spoke, wild beasts came forth from the woods and devoured them.

And he saw in another place a man and a woman having illicit sexual intercourse and he said, "Lord, lord, command the earth to split open and swallow them." Then at once the earth opened up and swallowed them.

Then he saw in another place that men were tunneling into a house and stealing other men's possessions, and he said, "Lord, lord, command fire to descend from heaven and devour them." And at once as he spoke, fire came down from heaven and consumed them.

And immediately there issued forth a voice from heaven to the Archistrategos saying thus, "O Archistrategos Michael, command the chariot to stop and turn Abraham aside lest he see the whole inhabited world, for if he sees all those who act in sin, he would destroy the whole creation. For behold, Abraham has not sinned and he has no mercy upon the sinners. I, in contrast, made the world and I do not wish to destroy any one of them but I await the death of the sinner, until he turns and lives. Lead Abraham up into the first gate of heaven that he may see there the judgments and the recompenses and repent over the souls of the sinners which he has destroyed."

XI. Michael turned the chariot and brought Abraham to the east in the first gate of heaven. And Abraham saw two ways: the one way was narrow and tortuous and the other was wide and spacious;   < and

RECENSION A.

εἶδεν ἐκεῖ δύο πύλας· μία πύλη πλατεῖα>, κατὰ τῆς πλα- ABCDER
τείας ὁδοῦ, καὶ μία πύλη στενὴ κατὰ τῆς στενῆς ὁδοῦ·
ἔξωθεν δὲ τῶν πυλῶν τῶν ἐκεῖσε τῶν δύο, ἴδον ἄνδρα
καθήμενον ἐπὶ θρόνου κεχρυσωμένου· καὶ ἦν ἡ ἰδέα τοῦ
5 ἀνθρώπου ἐκείνου φοβερά, ὁμοία τοῦ δεσπότου· καὶ ἴδον
ψυχὰς πολλὰς ἐλαυνομένας ὑπὸ ἀγγέλων καὶ διὰ τῆς
πλατείας πύλης εἰσαγομένας, καὶ ἴδον ἄλλας ψυχὰς ὀλίγας
καὶ ἐφέροντο ὑπὸ ἀγγέλων διὰ τῆς στενῆς πύλης. καὶ ὅτε
ἐθεώρει ὁ θαυμάσιος ὁ ἐπὶ τοῦ χρυσοῦ θρόνου καθήμενος
10 διὰ τῆς στενῆς πύλης ὀλίγας εἰσερχομένας, διὰ δὲ τῆς
πλατείας πολλὰς εἰσερχομένας, εὐθὺς ὁ ἀνὴρ ἐκεῖνος ὁ
θαυμάσιος ἥρπαξεν τὰς τρίχας τῆς κεφαλῆς αὐτοῦ καὶ τὰς
παρειὰς τοῦ πώγωνος αὐτοῦ καὶ ἔρριψεν ἑαυτὸν χαμαὶ
ἀπὸ τοῦ θρόνου κλαίων καὶ ὀδυρόμενος· καὶ ὅτε ἐθεώρει
15 πολλὰς ψυχὰς εἰσερχομένας διὰ τῆς στενῆς πύλης, τότε
ἀνίστατο ἀπὸ τῆς γῆς καὶ ἐκαθέζετο ἐπὶ τοῦ θρόνου αὐτοῦ
ἐν εὐφροσύνῃ πολλῇ χαίρων καὶ ἀγαλλόμενος. ἠρώτησεν δὲ
ὁ Ἀβραὰμ τὸν ἀρχιστράτηγον· Κύριέ μου ἀρχιστράτηγε,
τίς ἐστιν οὗτος ὁ ἀνὴρ ὁ πανθαύμαστος, ὁ ἐν τοιαύτῃ δόξῃ
20 κοσμούμενος, καὶ ποτὲ μὲν κλαίει καὶ ὀδύρεται, ποτὲ δὲ
χαίρεται καὶ ἀγάλλεται; εἶπεν δὲ ὁ ἀσώματος· Οὗτός
ἐστιν ὁ πρωτόπλαστος Ἀδάμ, ὁ ἐν τοιαύτῃ δόξῃ, καὶ
βλέπει τὸν κόσμον, καθότι πάντες ἐξ αὐτοῦ ἐγένοντο· καὶ
ὅτε ἴδῃ ψυχὰς πολλὰς εἰσερχομένας διὰ τῆς στενῆς πύλης,
25 τότε ἀνίσταται καὶ κάθηται ἐπὶ τοῦ θρόνου αὐτοῦ χαίρων
καὶ ἀγαλλόμενος ἐν εὐφροσύνῃ, ὅτι αὕτη ἡ πύλη ἡ στενὴ
τῶν δικαίων ἐστὶ<ν>, ἡ ἀπάγουσα εἰς τὴν ζωήν, καὶ οἱ

texts are as follows: δύο ὁδοὺς, μία ὁδὸς πλατεῖα καὶ εὐρύχορος ἅμα τὰ τῆς πλα-
τείας ὁδοῦ καὶ μία πύλη στενὴ καὶ κατὰ τῆς στενῆς ὁδοῦ. ἔξωθεν δὲ τῶν πυλαίων
τῶν ἐκεῖσαι τῶν δύο ἴδον κ.τ.λ. A; om B, see above; δύο ὁδούς· ἡ μία ὁδὸς στενὴ
καὶ τεθλοιμένοι καὶ ἡ ἑτέρα πλατεῖα καὶ εὐρύχορος ἔξοθεν τῶν β̄ πηλῶν εἶδεν CE;
D as CE, but with the words κατὰ τῆς στενῆς ὁδοῦ before ἔξωθεν. I have sup-
plied the mention of 'the two gates' which is needed.

4 θρόνου] + κάτω B   5 δεσπότου] A; κυρίου ἡμῶν Ἰησοῦ Χριστοῦ CE; τῷ
δεσπ. χριστῷ D   ἴδον] εἶδεν B; ἴδεν CE   16 γῆς] + ἧς ἐκαθέζετο χρυ-
σῆς καὶ ἐκάθητο B   17 ἀγαλλόμ.] ἀγαλλιωμ. ACDE   19 ὁ ἐν] om ὁ
ACDE   τοιαύτῃ] τῇ ταύτῃ A; τῇ αὐτοῦ B; τῇ αὐτῇ CDE   19—23 δόξῃ
—κόσμον] δόξῃ ζῇ ἐπὶ τῶν κόσμων C   23 καθότι] καθὼς B; ὅτι CDE
25 ἀνίστ. καὶ] om BCDE   26, 27 αὕτη—ζωὴν καὶ] om B; om τῶν δικ. and
οἱ and ἔρχονται A   27 εἰς τ. ζωήν] εἰς ζ̄. αἰώνιον CE

he saw there two gates, one gate wide > on the wide way and one gate narrow on the narrow way. Outside of the two gates there, they saw a man sitting on a golden throne, and that man's appearance was fearsome, like the Master's. And they saw many souls driven by angels and being led through the wide gate and they saw a few other souls and these were led by angels through the narrow gate. And whenever the wondrous one who sat on the golden throne saw that few were going through the narrow gate and many were going through the wide one, immediately that wondrous man tore the hair of his head and the beard on his cheeks and he threw himself from the throne onto the ground, weeping and lamenting. But whenever he saw that many souls were being led through the narrow gate, then he arose from the earth and sat upon his throne rejoicing in great gladness and being happy.

    Abraham asked the Archistrategos, "My lord Archistrategos, who is the most wondrous man who is decked out in such glory and who weeps sometimes and mourns, and other times he rejoices and is happy?"

    The incorporeal one said, "This is Adam, the first created one, who is in such glory, and he looks at the world, since all men came from him. When he sees many souls being led through the narrow gate, then he rises up and sits upon his throne rejoicing and being happy in gladness, for this narrow gate is that of the righteous which leads to life and those

ABCDER εἰσερχόμενοι δι' αὐτῆς εἰς τὸν παράδεισον ἔρχονται· καὶ διὰ τοῦτο χαίρει ὁ πρωτόπλαστος Ἀδάμ, διότι θεωρεῖ τὰς ψυχὰς σωζομένας· καὶ ὅταν ἴδῃ ψυχὰς πολλὰς εἰσερχομένας διὰ τῆς πλατείας πύλης, τότε ἀνασπᾷ τὰς τρίχας τῆς κεφαλῆς αὐτοῦ καὶ ῥίπτει ἑαυτὸν χαμαὶ κλαίων καὶ ὀδυρόμενος πικρῶς· διότι ἡ πύλη ἡ πλατεῖα τῶν ἁμαρτωλῶν ἐστὶν, ἡ ἀπάγουσα εἰς τὴν ἀπώλειαν καὶ εἰς τὴν κόλασιν τὴν αἰώνιον· καὶ διὰ τοῦτο ὁ πρωτόπλαστος Ἀδὰμ ἀπὸ τοῦ θρόνου αὐτοῦ πίπτει κλαίων καὶ ὀδυρόμενος ἐπὶ τῇ ἀπωλείᾳ τῶν ἁμαρτωλῶν, διότι πολλοί εἰσιν οἱ ἀπολλύμενοι, ὀλίγοι δὲ οἱ σωζόμενοι· εἰς γὰρ τὰς ἑπτὰ χιλιάδας μόλις εὑρίσκεται μία ψυχὴ σωζομένη δικαία καὶ ἀμόλυντος.

XII. ἔτι δὲ ἐμοὶ ταῦτα λαλοῦντος ἰδοὺ δύο ἄγγελοι πύρινοι τῇ ὄψει καὶ ἀνηλεεῖς τῇ γνώμῃ καὶ ἀπότομοι τῷ βλέμματι, καὶ ἤλαυνον μυριάδας ψυχὰς ἀνηλέως τύπτοντες αὐτοὺς ἐν πυρίναις χαρζαναῖς· καὶ μίαν ψυχὴν ἐκράτει ὁ ἄγγελος· καὶ διήγαγον πάσας τὰς ψυχὰς εἰς τὴν πλατεῖαν πύλην πρὸς τὴν ἀπώλειαν· ἠκολουθήσαμεν οὖν καὶ ἡμεῖς τοῖς ἀγγέλοις καὶ ἤλθομεν ἔσωθεν τῆς πύλης ἐκείνης τῆς πλατείας· καὶ ἐν μέσῳ τῶν δύο πυλῶν ἵστατο θρόνος φοβερὸς ἐν εἴδει κρυστάλλου φοβεροῦ ἐξαστράπτων ὡς πῦρ. καὶ ἐπ' αὐτῷ ἐκάθητο ἀνὴρ θαυμαστὸς ἡλιόρατος ὅμοιος υἱῷ θεοῦ. ἔμπροσθεν δὲ αὐτοῦ ἵστατο τράπεζα κρυσταλλοειδὴς ὅλος διὰ χρυσοῦ καὶ βύσσου· ἐπάνω δὲ τῆς τρα-

1 ἔρχονται] ἀνέρχονται CE   1, 2 καὶ—χαίρει] om CD   2 πρωτόπλ.] om B
4 ἀνασπᾷ] ἁρπάζει AB; τίλῃ D; ἀνασπάξῃ E   5—12 κεφαλῆς—σωζομένη] κεφ. αὐτοῦ κ. τ. παρειὰς τοῦ πώγονος (αὐτ.) κλαίων κ. ὀδυρόμ. διότι αὕτη ἡ πύλη ἡ πλατ. τῶν ἁμαρτ. ἐστὶν ἡ ἀπολία (ἀπάγουσα εἰς τὴν κολ. D) εἰς γὰρ τὰς ἑπτὰ χιλ. μία ψυχὴ σώζεται CDE   14 ἔτι δὲ—λαλοῦντος] A with ὑμῖν for ἐμοί: om B; ἔτι δὲ (ἐμὲ του C) λαλοῦντας CE; ἔτι δὲ αὐτοῦ λαλοῦντος D   14—18 ἰδοὺ—ἐκράτει ὁ ἄγγελος] (μυριάδαν and om αὐτοὺς) A; καὶ ἰδοὺ δύο ἄγγελοι μυρ. ψυχ.—ἀλξάνες B; ἰδοὺ δύο ἀγγ. μυριάδαν ψυχ. ἀνηλεῶς—χαρζανες CE; ἰδοὺ δύο ἀγγ. τύπτοντες ψυχὰς· τότε κεινω μυρίων ἐν πυρινῶ θεάφη καὶ μίαν ψυχ. ἀνηλ. ἐκράτουν εἰς χεῖρας αὐτῶν D   17 ὁ ἄγγελος] ἀνηλεως CE   19 οὖν καὶ] om B   20, 21 καὶ ἤλθ.—πλατείας] om B   22 ἐν εἴδει—φοβεροῦ] om CDE   23 ἡλιόρατος] ἡλιοόρατος A; ἡλιωρότατος B; ἡλιόρατος ἡλιόμορφος CE; om D   24 υἱῷ] υἱὸς ACE: υἱὸν B   κρυσταλλοειδὴς] κρυσταλλινος B; om CDE   25 διὰ χρυσοῦ] διὰ χρύσεως B; διὰ λίθων κ. μαργάρων D   25—p. 91, l. 4 ἐπάνω—προσώπου δὲ] om B

who enter through it go to paradise (or: the garden), and
on account of this the first created one, Adam, rejoices,
for he sees the souls which are saved. But whenever he
sees many souls being led through the wide gate, then he
pulls out the hair of his head and throws himself upon
the earth weeping and mourning bitterly, for the wide gate
is that of the wicked, which leads to destruction and to
eternal punishment. For this reason the first created one,
Adam, falls from his throne crying and mourning over the
destruction of the wicked, for the lost are many but the
saved are few. For among seven thousand there is hardly
to be found a single righteous and undefiled soul which is
saved.

XII. He was still saying this to me (when) behold, two
angels of fiery appearance and pitiless mind and severe
glance...., and they were driving tens of thousands of souls
without mercy, striking them with fiery whips. The angel
seized hold of one soul. And they drove all the souls
into the wide gate to destruction. Then we too followed
the angels and we came inside that wide gate. Between
the gates there stood a fearsome throne which looked like
awesome crystal, flashing lightning like fire. And upon
it was seated a wondrous man, looking like the sun, like a
son of God. Before him there stood a crystalline table,
all of gold and byssus. Upon the table

πέζης ἦν βιβλίον κείμενον, τὸ πάχος αὐτοῦ πηχέων ἐξ, τὸ ABCDER
δὲ πλάτος αὐτοῦ πηχέων δέκα· ἐκ δεξιῶν δὲ αὐτῆς καὶ ἐξ
ἀριστερῶν ἵσταντο δύο ἄγγελοι κρατοῦντες χάρτην καὶ
μέλανα καὶ κάλαμον. πρὸ προσώπου δὲ τῆς τραπέζης
5 ἐκάθητο ἄγγελος φωτοφόρος, κρατῶν ἐν τῇ χειρὶ αὐτοῦ
ζυγόν· <ἐξ> ἀριστερῶν δὲ ἐκάθητο ἄγγελος πύρινος ὅλος
ἀνιλέως καὶ ἀπότομος ἐν τῇ χειρὶ αὐτοῦ κρατῶν σάλπιγγα
ἔνδον αὐτῆς κατέχων πῦρ παμφάγον δοκιμαστήριον τῶν
ἁμαρτωλῶν. καὶ ὁ μὲν ἀνὴρ ὁ θαυμάσιος ὁ καθήμενος ἐπὶ
10 τοῦ θρόνου, αὐτὸς ἔκρινεν καὶ ἀπεφήνατο τὰς ψυχάς· οἱ δὲ
δύο ἄγγελοι οἱ ἐκ δεξιῶν καὶ ἀριστερῶν ἀπεγράφοντο· ὁ
μὲν ἐκ δεξιῶν ἀπεγράφετο τὰς δικαιοσύνας, ὁ δὲ ἐξ ἀριστε-
ρῶν τὰς ἁμαρτίας· καὶ ὁ μὲν πρὸ προσώπου τῆς τραπέζης,
ὁ τὸν ζυγὸν κατέχων, ἐζυγίαζεν τὰς ψυχάς· καὶ ὁ πύρινος
15 ἄγγελος, ὁ τὸ πῦρ κατέχων, ἐδοκίμαζεν τὰς ψυχάς. καὶ
ἠρώτησεν Ἀβραὰμ τὸν ἀρχιστράτηγον Μιχαήλ· Τί ἐστιν
ταῦτα ἃ θεωροῦμεν ἡμεῖς; καὶ εἶπεν ὁ ἀρχιστράτηγος·
Ταῦτα ἅπερ βλέπεις, ὅσιε Ἀβραὰμ, ἔστιν ἡ κρίσις καὶ
ἀνταπόδοσις. καὶ ἰδοὺ ὁ ἄγγελος ὁ κρατῶν τὴν ψυχὴν ἐν
20 τῇ χειρὶ αὐτοῦ, καὶ ἤνεγκεν αὐτὴν ἔμπροσθεν τοῦ κριτοῦ.
καὶ εἶπεν ὁ κριτὴς ἕνα τῶν ἀγγέλων τῶν καθυπουργούντων
αὐτῷ· Ἄνοιξόν μοι τὴν βίβλον ταύτην καὶ εὑρέ μοι τὰς
ἁμαρτίας τῆς ψυχῆς ταύτης. καὶ ἀνοίξας τὴν βίβλον
εὗρεν αὐτῆς ζυγίας τὰς ἁμαρτίας καὶ τὰς δικαιοσύνας ἐξ
25 ἴσου, καὶ οὔτε τοῖς βασανισταῖς ἐξέδωκεν αὐτὴν οὔτε τοῖς
σωζομένοις, ἀλλ' ἔστησεν αὐτὴν εἰς τὸ μέσον.

XIII. καὶ εἶπεν Ἀβραάμ· Κύριέ μου ἀρχιστράτηγε,
τίς ἐστιν οὗτος ὁ κριτὴς ὁ πανθαύμαστος; καὶ τίνες οἱ

1 ἐξ] τριάκοντα Α; ὀκτὼ D   τὸ δὲ—δέκα] om A   2 δέκα] δώδεκα D
ἐξ] om ABCE ; (καὶ ἐξ εὐωνύμων ἵστατα(ι)) D   7 κρατῶν σάλπιγγα] κρατῶν
σάλπιγγος CE ; κατέχων σάλπιγγα (-ος A) AB   8 πῦρ παμφ.] om CDE
δοκιμαστ.] δοκιμαστικόν B   9 ἁμαρτωλ.] ἁμαρτιῶν CDE   14 ἐζυγίαζεν]
ἐζύγησεν AB   πύρινος] πονηρὸς B   15 ἄγγελος] om CDE   πῦρ] πῶς CE
ἐδοκ. τὰς ψυχ.] ἐδόκ. διὰ πυρὸς τὰς ψ. τῶν ἀνθρώπων A   17 ταῦτα—
θεωρ.] ἢ τὰ τοιαῦτα θαιωρῶμεν CE   ἡμεῖς] om ACDE   18 ἅπερ βλέπεις]
ἀποβλέπεις B   19, 20 ἐν τῇ χειρὶ] εἰς τὴν χεῖρα A   20 κριτοῦ] κρίνοντος B
22, 23 καὶ εὑρέ—ἀνοίξας] om C   23, 24 ταύτης—εὗρεν αὐτῆς] om B   24 ζυ-
γίας] ζυγαδὰς A; ζυγὸς δὲ B   25 ἐξέδωκεν] ἐξέδοτο BCDE   26 ἔστησεν]
ἵστησιν BCE

lay a book six cubits thick and ten cubits broad. On its right and on its left stood two angels holding parchment and ink and a pen. Before the table sat a luminous angel, holding a scale in his hand. < on > his left hand there sat a fiery angel altogether merciless and severe, holding a trumpet in his hand, holding within it all-consuming fire for the testing of the sinners.

And the wondrous man who sat upon the throne was himself judging and sentencing the souls. The two angels of the right and of the left were recording. The one on the right was recording the righteous deeds, the one on the left the sins, and the one who was before the table who was holding the scale was weighing the souls, and the fiery angel who was holding in the fire was testing the souls.

Then Abraham asked the Archistrategos Michael, "What are these things that we see?"

And the Archistrategos said, "These things that you see, O holy Abraham, are judgment and recompense."

And behold, the angel who was holding the soul in his hand brought it before the judge, and the judge said to one of the angels who were attending him, "Open this book for me and find me the sins of this soul."

And he opened the book and he found that its sins and righteous deeds were equally balanced, and he delivered it neither to the tormentors nor to those who were saved, but set it in the middle.

XIII. Then Abraham said, "My lord Archistrategos, who is this most wondrous judge? Who are

ABCDER ἄγγελοι οἱ ἀπογραφόμενοι; καὶ τίς ὁ ἄγγελος ὁ ἡλιόμορφος ὁ τὸν ζυγὸν κατέχων; καὶ τίς ὁ ἄγγελος ὁ πύρινος ὁ τὸ πῦρ κατέχων; εἶπεν δὲ ὁ ἀρχιστράτηγος· Θεωρεῖς, πανόσιε Ἀβραάμ, τὸν ἄνδρα τὸν φοβερὸν τὸν ἐπὶ τοῦ θρόνου καθήμενον; οὗτός ἐστιν υἱὸς Ἀδὰμ τοῦ πρωτοπλάστου, ὁ ἐπιλεγόμενος Ἄβελ, ὃν ἀπέκτεινε Κάϊν ὁ πονηρός· καὶ κάθηται ὧδε κρῖναι πᾶσαν τὴν κτίσιν καὶ ἐλέγχων δικαίους καὶ ἁμαρτωλούς· διότι εἶπεν ὁ θεός· Ἐγὼ οὐ κρίνω ὑμᾶς, ἀλλὰ πᾶς ἄνθρωπος ἐξ ἀνθρώπου κριθήσεται· τούτου χάριν αὐτῷ δέδωκεν κρίσιν, κρῖναι τὸν κόσμον μέχρι τῆς μεγάλης καὶ ἐνδόξου αὐτοῦ παρουσίας· καὶ τότε, δίκαιε Ἀβραάμ, γίνεται τελεία κρίσις καὶ ἀνταπόδοσις, αἰωνία καὶ ἀμετάθετος, ἣν οὐδεὶς δύναται ἀνακρῖναι· πᾶς γὰρ ἄνθρωπος ἐκ τοῦ πρωτοπλάστου γεγέννηται, καὶ διὰ τοῦτο ἐνταῦθα πρῶτον ἐκ τοῦ υἱοῦ αὐτοῦ κρίνονται· καὶ ἐν τῇ δευτέρᾳ παρουσίᾳ κριθήσονται ὑπὸ τῶν δώδεκα φυλῶν τοῦ Ἰσραήλ, καὶ πᾶσα πνοὴ καὶ πᾶσα κτίσις. τὸ δὲ τρίτον, ὑπὸ τοῦ δεσπότου θεοῦ τῶν ἁπάντων κριθήσονται καὶ τότε λοιπὸν τῆς κρίσεως ἐκείνης τὸ τέλος ἐγγύς, καὶ φοβερὰ ἡ ἀπόφασις, καὶ ὁ λύων οὐδείς· καὶ λοιπὸν διὰ τριῶν βημάτων γίνεται ἡ κρίσις τοῦ κόσμου καὶ ἡ ἀνταπόδοσις· καὶ διὰ τοῦτο ἐπὶ ἑνὸς ἢ δύο μαρτύρων οὐκ ἀσφαλίζεται λόγος εἰς τέλος· ἀλλ' ἐπὶ τριῶν μαρτύρων σταθήσεται πᾶν ῥῆμα. οἱ δὲ δύο ἄγγελοι ὁ ἐκ δεξιῶν

1—3 καὶ τίς—ἀρχιστρ.] om CE   3 κατέχων] δοκημάζον A   4 φοβερὸν] φωτοφόρον CE   7 πονηρός]+καὶ ἀδελφοκτόνος B; πονηρότατος A; πονηρώτ. ὁ βροτοκτόνος E   κάθηται ὧδε] καθέζεται οὗτος B   8, 9 διότι—ὑμᾶς] διότι—θεός· ὅτι οὐκ ἐγὼ κρίνω τὸν κόσμον A; δι' αὐτοῦ εἶπεν ὁ θεὸς σὺ κρίνῃ λέγων ἡμᾶς B   10, 11 τούτου—κόσμον] A (but ἔδωκεν); τούτου γὰρ χάριν ἔδωκεν αὐτὰ ὁ θεὸς ὅτι ἔκρινεν αὐτά· καὶ αὐτὸς κρίνῃ τὸν κόσμον B; om κρίσιν—κόσμον CE   13, 14 ἣν—ἀνακρῖναι] ἣν ἄλλος οὐδεὶς δυνήσεται ἀνακρῖναι AD; ἣν—ἀντακρῖναι CE; ἣν—κρῖναι τῶν ἀν̅ω̅ν̅ B   14—16 πᾶς—κρίνονται] πᾶς γὰρ ὁ ἐκ...ἐνταῦθα πρὸς τὸν ἐκ τοῦ υἱοῦ κρίνονται B; πᾶς—ἐκ τοῦ τοιούτου ἀν̅ο̅υ̅ κρίνεται A; πᾶς—ἐκ τοῦ υἱοῦ τοῦ πρωτοπλ. κρίνονται CE; διὰ τοῦτο καὶ ὁ υἱὸς αὐτοῦ κρίνει πρῶτον D   16—18 καὶ ἐν—κτίσις] καὶ ἐπὶ τὴν δ. π. ὑπὸ τῶν ἀποστόλων κριθήσονται αἱ δωδ. φυλαὶ τοῦ Ἰσ. καὶ πάσης πνοῆς καὶ πάσης ἀν̅ο̅ι̅ς̅ B; καὶ ἐν τῇ δ. π. ὑπὸ τῶν ιβ ἀποστ. κ.τ.λ. CE; καὶ ἐν—ὑπὸ τῶν ιβ' ἀποστ. κριθήσεται πᾶσα ἡ οἰκουμένη D   18 δεσπότου θεοῦ τῶν ἁπάντων] δεσπ. καὶ κριτοῦ CE; δεσπ. θεοῦ καὶ ὁρος D   20 ἐγγύς] ὀργῆς CE   καὶ φοβερὰ—οὐδείς] om B   22 τοῦτο]+καὶ νῦν A   23, 24 λόγος—σταθ.] om CE   23 εἰς τέλος] om A

the recording angels? Who is the sun-like angel who holds the scales? Who is the fiery angel who holds in the fire?"

The Archistrategos said, "Do you see, holy Abraham, the fearsome man who is sitting on the throne? This is the son of Adam, the first created one, who is called Abel. Him Cain the wicked killed, and he sits here to judge all the creation and to examine righteous and sinners. For this reason God said, 'I do not judge you, but each man shall be judged by a man.' For this reason he gave him the judgment, to judge the world until his great and glorious appearance, and then, O righteous Abraham, there will be perfect judgment and recompense, eternal and immutable, which no one can alter. For each man has been born of the first created one, and therefore they first shall be judged by his son. And in the second coming every breath and creation shall be judged by the twelve tribes of Israel. The third, they shall be judged by the Master, God of all, and then the end of that judgment is near and the sentence is fearsome and there is none who releases. And then, through three judgment seats shall be the judgment of the world and the recompense. Therefore, a matter shall not finally be decided according to one or two witnesses, but every matter shall be established according to three witnesses. The two angels, the one on the right

καὶ ὁ ἐξ ἀριστερῶν, οὗτοί εἰσιν οἱ ἀπογραφόμενοι τὰς ABCDER
ἁμαρτίας καὶ τὰς δικαιοσύνας· ὁ μὲν ἐκ δεξιῶν ἀπογρά-
φεται τὰς δικαιοσύνας, ὁ δὲ ἐξ ἀριστερῶν τὰς ἁμαρτίας.
ὁ δὲ ἡλιόμορφος ἄγγελος, ὁ τὸν ζυγὸν κατέχων ἐν τῇ χειρὶ
5 αὐτοῦ, οὗτός ἐστιν ὁ Δοκιήλ ὁ ἀρχάγγελος ὁ δίκαιος ζυγο-
στάτης, καὶ ζυγιάζει τὰς δικαιοσύνας καὶ τὰς ἁμαρτίας ἐν
δικαιοσύνῃ θεοῦ· ὁ δὲ πύρινος καὶ ἀνιλέως ἄγγελος, ὁ κατέ-
χων ἐν τῇ χειρὶ αὐτοῦ τὸ πῦρ, οὗτός ἐστιν Πυρουὴλ ὁ
ἀρχάγγελος ὁ ἐπὶ τοῦ πυρὸς ἔχων τὴν ἐξουσίαν, καὶ δοκι-
10 μάζει τὰ τῶν ἀνθρώπων ἔργα διὰ πυρός· καὶ εἴ τινος τὸ
ἔργον κατακαύσει τὸ πῦρ, εὐθὺς λαμβάνει αὐτὸν ὁ ἄγγελος
τῆς κρίσεως καὶ ἀποφέρει αὐτὸν εἰς τὸν τόπον τῶν ἁμαρ-
τωλῶν, πικρότατον κολαστήριον. εἴ τινος δὲ τὸ ἔργον τὸ
πῦρ δοκιμάσει καὶ μὴ ἅψεται αὐτοῦ, οὗτος δικαιοῦται, καὶ
15 λαμβάνει αὐτὸν ὁ τῆς δικαιοσύνης ἄγγελος καὶ ἀναφέρει
αὐτὸν εἰς τὸ σώζεσθαι ἐν τῷ κλήρῳ τῶν δικαίων· καὶ
οὕτως, δικαιότατε Ἀβραὰμ, τὰ πάντα ἐν πᾶσιν ἐν πυρὶ
καὶ ζυγῷ δοκιμάζονται.

XIV. εἶπεν δὲ Ἀβραὰμ πρὸς τὸν ἀρχιστράτηγον·
20 Κύριέ μου ἀρχιστράτηγε, τὴν ψυχὴν ἣν κατεῖχεν ὁ ἄγγε-
λος ἐν τῇ χειρὶ αὐτοῦ, πῶς κατεδικάσθη εἰς τὸ μέσον;
εἶπεν δὲ ὁ ἀρχιστράτηγος· Ἄκουσον, δίκαιε Ἀβραάμ·
διότι εὗρεν ὁ κριτὴς τὰς ἁμαρτίας αὐτῆς καὶ τὰς δικαιο-
σύνας ἐξ ἴσου, καὶ οὔτε εἰς κρίσιν ἐξέδοτο αὐτὴν οὔτε εἰς
25 τὸ σώζεσθαι, ἕως οὗ ἔλθῃ ὁ κριτὴς τῶν ἁπάντων. εἶπεν δὲ
Ἀβραὰμ <πρὸς> τὸν ἀρχιστράτηγον Καὶ τί ἔτι λείπεται
τῇ ψυχῇ εἰς τὸ σώζεσθαι; καὶ εἶπεν ὁ ἀρχιστράτηγος ὅτι
Ἐὰν κτήσηται μίαν δικαιοσύνην ὑπεράνω τῶν ἁμαρτιῶν
ἔρχεται εἰς τὸ σώζεσθαι. εἶπεν δὲ Ἀβραὰμ πρὸς τὸν

5 ὁ Δοκιήλ] (ὁδοκιὴλ) A; δίκαιος ἄγγελος BCDE   6 ζυγιάζει] ζυγήζει
A; στυγίζει B; ζυγῇ CE; ζυγοστατῶν D   τὰς δικ.—θεοῦ] τὰς ἁμαρτ. τῶν
ανων καὶ τὰς δικ. τοῦ θεοῦ B   7—18 ὁ δὲ πύρινος—δοκιμάζονται] om CDE
7 καὶ ἀνιλ. ἄγγ.] ἄγγ. κ. ἀπότομος A   8, 9 Πυρουὴλ—πυρός] Πυρουὴλ ὁ
ἄγγ. ὁ ἐπὶ τὸ πῦρ A; πῦρ ὁ κλῶν ὁ ἀρχάγγ. ὁ ἐπὶ τοῦ πυρός B   10 διὰ
πυρός] διὰ παντὸς A   12, 13 εἰς τὸν τόπον—κολαστήριον] A (but ποτήριον
for κολαστ.); εἰς τὰ πικρότατα τῶν ἁμαρτιῶν κολαστ. B   15 ἀναφέρει]
ἀποφέρει B   24 ἐξ ἴσου] ζυγάδας A; ζυγᾶς ἐπίσης E; ζυγᾶς C   διὰ
τούτων οὗτος ἐν τῇ κρίσει ἐξέδ. αὐτὴν B   25 ἕως οὗ] ἕως ἂν CE   26 ἔτι]
ἐστι BC   27 τῇ ψυχῇ] ἡ ψυχὴ ACD; τὴν ψυχὴν B

and the one on the left, these are those who record the
sins and the righteous deeds. The one on the right records
the righteous deeds and the one on the left the sins. The
sun-like angel who holds the scale in his hand is the
archangel Dokiel, the just scale-bearer, and he weighs
the righteous deeds and the sins by means of the righteous-
ness of God. The fiery and pitiless angel who holds fire
in his hand is the archangel Puruel who has power over
fire, and tests the deeds of men through fire. If the fire
burns the deed of a certain man, at once the angel of
judgment takes him and leads him away to the place of the
wicked, a most bitter house of correction. But if the
fire tests the act of a certain man and does not touch it
(or: affect it), this man is found righteous and the angel
of righteousness takes him and leads him up to salvation
in the lot of the righteous. Thus, O most righteous Abraham,
all things in all men are tested by fire and scales."

XIV. Abraham said to the Archistrategos, "My lord Archi-
strategos, how was the soul which the angel held in his
hand adjudged to the middle?"

The Archistrategos said, "Hear, O righteous Abraham.
Because the judge found that its sins and its righteous
deeds were equal, and he neither handed it over to judgment
nor to salvation, until the time when the judge of all
comes."

Abraham said < to > the Archistrategos, "What
additional thing is lacking for the soul to be saved?"

The Archistrategos said, "If it could obtain one
righteous deed more than its sins, it will go to salvation."

Abraham said to the

THE TESTAMENT OF ABRAHAM.

ABCDER ἀρχιστράτηγον· Δεῦρο Μιχαὴλ ἀρχιστράτηγε, ποιήσωμεν
εὐχὴν ὑπὲρ τῆς ψυχῆς ταύτης, καὶ ἴδωμεν εἰ ἐπακούσεται
ἡμῶν ὁ θεός. καὶ εἶπεν ὁ ἀρχιστράτηγος· Ἀμὴν γένοιτο.
καὶ ἐποίησαν δέησιν καὶ εὐχὴν ὑπὲρ τῆς ψυχῆς· καὶ εἰσή-
κουσεν αὐτοὺς ὁ θεὸς καὶ ἀναστάντες ἀπὸ τῆς προσευχῆς 5
οὐκ εἶδον τὴν ψυχὴν ἱσταμένην ἐκεῖσε. καὶ εἶπεν Ἀβραὰμ
πρὸς τὸν ἄγγελον· Ποῦ ἐστὶν ἡ ψυχὴ ἣν ἐκράτεις εἰς τὸ
μέσον; καὶ εἶπεν ὁ ἄγγελος· Σέσωται διὰ τῆς εὐχῆς σου
τῆς δικαίας, καὶ ἰδοὺ ἔλαβεν αὐτὴν ἄγγελος φωτοφόρος
καὶ ἀνήνεγκεν αὐτὴν ἐν τῷ παραδείσῳ. εἶπεν δὲ Ἀβραὰμ 10
Δοξάζω τὸ ὄνομα τοῦ θεοῦ τοῦ ὑψίστου καὶ τὸ ἔλεος αὐτοῦ
τὸ ἀμέτρητον. εἶπεν δὲ Ἀβραὰμ πρὸς τὸν ἀρχιστράτηγον·
Δέομαί σου, ἀρχάγγελε, εἰσάκουσον τῆς δεήσεώς μου, καὶ
παρακαλέσωμεν ἔτι τὸν κύριον καὶ προσπέσωμεν τοῖς
οἰκτιρμοῖς αὐτοῦ καὶ δεηθῶμεν αὐτοῦ τοῦ ἐλέους ὑπὲρ τῶν 15
ψυχῶν τῶν ἁμαρτωλῶν οὕσπερ ἐγώ ποτε κακοφρονήσας
κατηρασάμην καὶ ἀπώλεσα, οὕσπερ κατέπιεν ἡ γῆ καὶ οὓς
διεμερίσαντο τὰ θηρία, καὶ οὕσπερ κατέφαγεν τὸ πῦρ διὰ
τοὺς ἐμοὺς λόγους· νῦν ἔγνωκα ἐγὼ ὅτι ἥμαρτον ἐνώπιον
κυρίου τοῦ θεοῦ ἡμῶν· δεῦρο, Μιχαὴλ ἀρχιστράτηγε τῶν 20
ἄνω δυνάμεων, δεῦρο παρακαλέσωμεν τὸν θεὸν μετὰ δα-
κρύων, ὅπως ἀφήσει μοι τὸ ἁμάρτημα καὶ αὐτοὺς συγχω-
ρήσει μοι. καὶ εἰσήκουσεν αὐτὸν ὁ ἀρχιστράτηγος καὶ
ἐποίησαν δέησιν ἐνώπιον τοῦ θεοῦ· ἐπὶ πολλὴν δὲ ὥραν
παρακαλούντων αὐτῶν, ἦλθεν φωνὴ ἐκ τοῦ οὐρανοῦ λέ- 25
γουσα· Ἀβραάμ, Ἀβραάμ, εἰσήκουσα τῆς φωνῆς σου καὶ
τῆς δεήσεώς σου καὶ ἀφίημί σοι τὴν ἁμαρτίαν, καὶ οὕσπερ
σὺ νομίζεις ὅτι ἀπώλεσα, ἐγὼ αὐτοὺς ἀνεκαλεσάμην καὶ
εἰς ζωὴν αὐτοὺς ἤγαγον δι' ἄκραν ἀγαθότητα· διότι πρὸς

4—6 καὶ εἰσήκ.—ψυχὴν] om A   7, 8 ἦν—μέσον] om ABCD   8 σέσωται]
ἰδοὺ B   9, 10 καὶ ἰδοὺ—παραδ.] om CDE   10—12 εἶπεν—ἀμέτρητον]
om BCDE   14 κύριον] + ἡμῶν ἰησοῦν χριστόν C   16 κακοφρ.] καταφρ.
BDE   16—23 οὕσπερ—συγχωρ. μοι] AB; CDE shorten variously
26 Ἀβραὰμ (sec.)] om ABDE   26, 27 εἰσήκουσα—δεήσ. σου] εἰσηκουσε σε κ̅ς̅
A; εἰσηκούσθη ἡ δ. σου B   27 οὕσπερ ἐκατηράσω καὶ ἀπώλεσω αὐτοὺς δὲ πάλιν
διὰ δεήσεώς σου ἐγὼ E   28 ἀπώλεσα] ἀπώλεσας A   ἀνεκαλ.] ἐνηγκα-
λισάμην καὶ—ἤγαγον· διότι πρόσκαιρον αὐτοῖς κρίσιν ἀνταπέδωκας· ἐγὼ δὲ—ἀπώ-
λεσα—γῆς, ζῶντας ἐν τῷ θανάτῳ οὐκ ἀποδώσω D   29 δι' ἄκρ. ἀγαθ.] om
CDE   29—p. 95, 1 διότι—ἀνταπ.] om A; διότι—ἀποδώσω] καὶ εἰ μὲν διὰ
τὸν πρόσκαιρον κρίσιν αὐτοὺς ἀνταπέδωκας, ἐγὼ δὲ οὐ κολάσω (sc. οὐκ ὀλέσω?) B

Archistrategos, "Come, Archistrategos Michael, let us pray on behalf of this soul and let us see if God will hearken to us."

The Archistrategos said, "I agree." And they implored and prayed for the soul, and God heard them; and arising from the prayer, they did not see the soul standing there.

Abraham said to the angel, "Where is the soul which you held in the middle?"

And the angel said, "It was saved by your righteous prayer, and behold, the luminous angel has taken it and brought it up to the garden (paradise)."

Abraham said, "I praise the name of God Most High and his mercy which is without measure." And Abraham said to the Archistrategos, "I ask you, O archangel, hearken to my request and let us entreat the Lord still more and let us supplicate his pity and let us ask his mercy upon the souls of the sinners whom I once, evilmindedly, cursed and destroyed, whom the earth swallowed up, whom the wild beasts tore into pieces, and whom the fire consumed due to my words. Now I know that I sinned before the Lord our God. Come here, Michael, Archistrategos of the upper powers, come, let us beseech God with tears to forgive me the sin and grant them to me."

And the Archistrategos obeyed him and they made supplication to God. When they had called him for a long time, a voice came from heaven saying, "Abraham, Abraham, I have heard your voice and your supplication and I forgive you the sin, and through (my) highest goodness I have called back to life those whom you think that <you> destroyed because for

καιρὸν εἰς κρίσιν αὐτοὺς ἀνταπέδωκα· ἐγὼ δὲ οὕσπερ ABCDER
ἀπολέσω ἐπὶ τῆς γῆς ζῶντας, ἐν τῷ θανάτῳ οὐκ ἀπο-
δώσω.

XV. εἶπεν δὲ καὶ τὸν ἀρχιστράτηγον ἡ φωνὴ τοῦ
κυρίου· Μιχαὴλ, Μιχαὴλ, ὁ ἐμὸς λειτουργός, ἀπόστρε-
ψον τὸν Ἀβραὰμ εἰς τὸν οἶκον αὐτοῦ, ὅτι ἰδοὺ ἤγγικεν
τὸ τέλος αὐτοῦ καὶ τὸ μέτρον τῆς ζωῆς αὐτοῦ τελειοῦται,
ὅπως ποιήσει διάταξιν περὶ πάντων καὶ εἶθ᾽ οὕτως παρά-
λαβε αὐτὸν καὶ ἀνάγαγε πρός με. διαστρέψας δὲ ὁ ἀρχι-
στράτηγος τὸ ἅρμα καὶ τὴν νεφέλην, ἤγαγεν τὸν Ἀβραὰμ
εἰς τὸν οἶκον αὐτοῦ· καὶ ἀπελθὼν ἐν τῷ τρικλίνῳ αὐτοῦ,
ἐκάθισεν ἐπὶ τῆς κλίνης αὐτοῦ· ἦλθεν δὲ Σάρρα ἡ γυνὴ
αὐτοῦ καὶ περιεπλάκη τοῖς ποσὶν τοῦ ἀσωμάτου καὶ ἱκε-
τεύουσα ἔλεγεν· Εὐχαριστῶ σοι, κύριέ μου, ὅτι ἤνεγκας τὸν
κύριόν μου Ἀβραάμ· ἰδοὺ γὰρ ἐνομίζομεν ἀναληφθῆναι ἀφ᾽
ἡμῶν. ἦλθεν δὲ καὶ Ἰσαὰκ ὁ υἱὸς αὐτοῦ, καὶ περιεπλάκη
ἐπὶ τὸν τράχηλον αὐτοῦ· ὁμοίως δὲ καὶ πάντες οἱ δοῦλοι
καὶ αἱ δουλίδες αὐτοῦ περιεκύκλωσαν κύκλῳ τὸν Ἀβραὰμ
καὶ περιεπλάκησαν αὐτὸν δοξάζοντες τὸν θεόν. εἶπεν δὲ
ὁ ἀσώματος πρὸς αὐτόν· Ἄκουσον, δίκαιε Ἀβραάμ· ἰδοὺ
ἡ γυνή σου Σάρρα, ἰδοὺ καὶ ὁ ἠγαπημένος σου υἱὸς Ἰσαάκ,
ἰδοὺ καὶ πάντες οἱ παῖδες καὶ παιδίσκαι σου κύκλῳ σου·
ποίησον διάταξιν περὶ πάντων ὧν ἔχεις· ὅτι ἤγγικεν ἡ
ἡμέρα ἐν ᾗ μέλλεις ἐκ τοῦ σώματος ἐκδημεῖν καὶ ἔτι ἅπαξ
πρὸς τὸν κύριον ἔρχεσθαι. εἶπεν δὲ Ἀβραάμ· Ὁ κύριος
εἶπεν, ἢ σὺ ἀφ᾽ ἑαυτοῦ λέγεις ταῦτα; ὁ δὲ ἀρχιστράτηγος
εἶπεν· Ἄκουσον δίκαιε Ἀβραάμ· ὁ δεσπότης ἐκέλευσεν καὶ
ἐγώ σοι λέγω. εἶπεν δὲ Ἀβραάμ· Οὐ μή σοι ἀκολουθήσω.
ἀκούσας δὲ ὁ ἀρχιστράτηγος τὸν λόγον τοῦτον, εὐθέως
ἐξῆλθεν ἐκ προσώπου τοῦ Ἀβραὰμ καὶ ἀνῆλθεν εἰς τοὺς

2 ἀπολέσω] ἀποδώσω A   2, 3 ἀποδώσω] ἀπετίσωμαι A   6, 7 ὅτι ἰδοὺ
—τελειοῦται] ὅτι καὶ τὸ μετρ.—ἐτελειοῦτο B ; ὅτι δὲ ἠγγ. τὸ τέλ. τῆς ζ. αὐτοῦ
CE   8 πάντων] περὶ τοῦ οἴκου αὐτοῦ (+ καὶ τὰ ὑπάρχοντα αὐτοῦ B) καὶ
πάντα ὅσα βούλεται AB   9, 10 διαστρέψας—νεφέλην] ADE (om τὸ ἅρμα καὶ
A); διμερέψας B; om C   14 κύριέ μου] κύριε ὁ θς̄ μου B   15 ἀναλη-
φθῆναι] ἀναληφθέντα αὐτὸν A   21 ἰδοὺ—Ἰσαάκ] om B   23 ὧν ἔχεις]
ὃ ἐὰν βούλῃ A; ὅσα βουλέσαι B   24 ἔτι ἅπαξ] om BCDE   27 ἄκουσον]
om B   δίκαιε] om C   ὁ δεσπότης] ἅπερ ὁ δ. AB   27, 28 καὶ—λέγω]
κἀγὼ ὑπήκω B   30 ἐξῆλθεν—Ἀβρ.] om CE

a time I have requited them in judgment. But I do not requite in death those whom I destroy living upon the earth."

XV. The voice of the Lord also said to the Archistrategos, "Michael, Michael, my servant, return Abraham to his house for behold his end is near and the span of his life is fulfilled, so that he may make disposition concerning all affairs, and then take him thus and bring him up to me."

The Archistrategos turned the chariot and the cloud around, and brought Abraham to his house, and going into his chamber, he sat down upon his bed.

Sarah, his wife, came and embraced the feet of the incorporeal one and supplicating she said, "I thank you, my lord, for you brought my husband Abraham, for behold, we thought that he had been taken up from our midst."

Isaac his son came too and embraced his neck. Likewise all his male slaves and female slaves formed a circle around Abraham and embraced him, glorifying God.

The incorporeal one said to him, "Listen, O righteous Abraham, behold your wife Sarah, behold also your beloved son Isaac, behold also all your male and female servants around you. Make disposition concerning everything which you have for the day has come on which you are destined to depart from the body and yet one more time to come to the Lord."

Abraham said, "Did the Lord say it or are you saying it of your own authority?"

The Archistrategos said, "Hear, O righteous Abraham, the Master commanded and I say (it) to you."

Abraham said, "I shall not follow you!"

When the Archistrategos heard this thing, at once he left the presence of Abraham and ascended to

40 THE TESTAMENT OF ABRAHAM.

ABCDER οὐρανοὺς καὶ ἔστη ἐνώπιον τοῦ θεοῦ τοῦ ὑψίστου καὶ
εἶπεν· Κύριε παντοκράτορ, ἰδοὺ εἰσήκουσα τοῦ φίλου σου
Ἀβραὰμ πάντα ὅσα εἶπεν πρός σε καὶ τὴν αἴτησιν αὐτοῦ
ἐπλήρωσα, καὶ ἔδειξα αὐτῷ τὴν δυναστείαν σου καὶ
πᾶσαν τὴν ὑπ᾽ οὐρανὸν γῆν τε καὶ θάλασσαν, κρίσιν καὶ 5
ἀνταπόδοσιν διὰ νεφέλης καὶ ἁρμάτων ἔδειξα αὐτῷ, καὶ
πάλιν λέγει ὅτι Οὐκ ἀκολουθῶ σοι. καὶ ὁ ὕψιστος ἔφη
πρὸς τὸν ἄγγελον· Εἰ καὶ πάλιν οὕτως λέγει ὁ φίλος μου
Ἀβραὰμ ὅτι Οὐκ ἀκολουθῶ σοι; ὁ δὲ ἀρχάγγελος εἶπεν·
Κύριε παντοκράτορ, οὕτως λέγει· καὶ ἐγὼ φείδομαι τοῦ 10
ἅψασθαι αὐτοῦ, ὅτι ἐξ ἀρχῆς φίλος σου τυγχάνει καὶ
πάντα τὰ ἀρεστὰ ἐνώπιόν σου ἐποίησεν· καὶ οὐκ ἔστιν
ἄνθρωπος ὅμοιος αὐτοῦ ἐπὶ τῆς γῆς, οὐ κἂν Ἰὼβ ὁ θαυμά-
σιος ἄνθρωπος· καὶ διὰ τοῦτο φείδομαι τοῦ ἅψασθαι αὐτοῦ·
κέλευσον οὖν, ἀθάνατε βασιλεῦ, τί ῥῆμα γενήσεται. 15

XVI. τότε ὁ ὕψιστος λέγει· Κάλεσόν μοι ὧδε τὸν
θάνατον τὸν κεκλημένον τὸ ἀναίσχυντον πρόσωπον καὶ
ἀνέλεον βλέμμα. καὶ ἀπελθὼν Μιχαὴλ ὁ ἀσώματος εἶπεν
τῷ θανάτῳ· Δεῦρο, καλεῖ σε ὁ δεσπότης τῆς κτίσεως, ὁ
ἀθάνατος βασιλεύς. ἀκούσας δὲ ὁ θάνατος ἔφριξεν καὶ 20
ἐτρόμαξεν δειλίᾳ πολλῇ συνεχόμενος, καὶ ἐλθὼν μετὰ
φόβου πολλοῦ ἔστη ἔμπροσθεν τοῦ ἀοράτου πατρός, φρίτ-
των στένων καὶ τρέμων, ἀπεκδεχόμενος τὴν κέλευσιν τοῦ
δεσπότου. λέγει οὖν ὁ ἀόρατος θεὸς πρὸς τὸν θάνατον·
Δεῦρο, τὸ πικρὸν καὶ ἄγριον τοῦ κόσμου ὄνομα, κρύψον 25

1 τοῦ θεοῦ τοῦ ὑψίστου] om τοῦ θεοῦ B; om τοῦ ὑψ. C 2, 3 ἰδοὺ
—πρός σε] om CE 4 ἐπλήρωσα] ἐπλήρωσας B 5 γῆν—θάλασσαν]
γῆς τε καὶ θαλάσσης A; γῆν θάλασσαν B; γῆν τε καὶ θαλάσσης CE 7 and
9 ἀκολουθῶ] -ήσω E 9—12 εἶπεν—πάντα] καὶ εἶπεν ἐκπροσώπου κ̄ῡ τοῦ
θ̄ῡ ἡμῶν ὅτι ἐξ ἀρχῆς φ. σ. καὶ πάντα A; καὶ ὁ ἄγγελος ἔφη οὕτω λέγει ὁ φ.
σου Ἀ. καὶ ἔτι φείδομαι τοῦ ἅψασθαι αὐτόν· ἐπεὶ κ.τ.λ. B 11 ὅτι ἐξ ἀρχῆς]
ἐπεὶ δὲ ὑπάρχει φίλος σου τυγχάνει B; ἐπὶ ἀρχὴν—ἐστιν CE 12 ἐποίησεν]
πρᾶτων CE 13, 14 οὐ—θαυμάσιος ἄνθρωπος] om CE 13 οὐ—Ἰὼβ] κἂν Ἰὼβ
B; οὐ κἂν Ἰακὼβ A 15 κέλευσον] καὶ βλέψον CE 16 μοι ὧδε] ἡμῖν
ἐδῶ B 17 τὸν κεκλ.] om BCE 18 ἀνέλεον βλέμμα] ἀνελεεῖ τὸ βλέμματι
A; τὸν θάν. τὸν ἀναισχύντην καὶ ἀνελεεῖ καὶ ἀνείδη B 19 τῆς κτίσ.] om CE
21—23 καὶ ἐλθὼν—ἀπεκδεχ.] om A 22 ἀοράτου πατρός] δεσπ. θ̄ῡ B 24 ἀό-
ρατος θ̄σ̄] om θ̄σ̄ B; ὁ ἀσώματος CE πρὸς] om AB 25 τὸ πικρὸν—ὄνομα]
δεῦρο τοῦ κόσμ. ἀγρ. ὄν. B; τὸ πικρ. ποτ. κ. ἄγροιον ὀμα. CE (= ἄγριον ὄνομα)
25—p. 97, 2 κρύψον—ἀποβαλοῦ] κρύψαι σου τὴν πικρ. καὶ πάσας σου τὰς παροίας κ.
τὰς πικρ. πασ. κ.τ.λ. A; κρυψον σου τ. πικρ. καὶ πᾶσαν σου τὴν σαπρίαν ἀποβ. CE

heaven and stood before the Most High God and said, "Almighty Lord, behold, I have hearkened to your friend Abraham in everything which he said to you and I have fulfilled his request, and I showed him your power and all the earth under heaven and the sea, judgment and recompense. Through cloud and chariots I showed (them) to him, and again he has said, 'I shall not follow you!'"

And the Most High said to the angel, "Does indeed my friend Abraham again say thus: 'I shall not follow you'?"

The archangel said, "Lord almighty, thus he says, and I refrain from touching him because from the beginning he was your friend and did all pleasing things before you, and there is no man like him upon the earth, not even Job, the wondrous man. And for this reason I refrain from touching him. Command, therefore, immortal King, what thing shall be done."

XVI. Then the Most High said, "Summon here to me Death who is called the shameless countenance and the merciless glance."

And Michael, the incorporeal one, went and said to Death, "Come here! The Master of the creation summons you, the immortal King."

When Death heard this, he shivered and trembled, overtaken by great terror, and coming with great fear, he stood before the unseen Father, trembling, moaning, and shaking, awaiting the command of the Master.

Therefore the invisible God said to Death, "Come here, bitter and fierce name of the world, conceal

σου τὴν ἀγριότητα, σκέπασόν σου τὴν σαπρίαν, καὶ τὴν ABCDER
πικρίαν σου ἀπό σου ἀποβαλοῦ, καὶ περιβαλοῦ τὴν ὡραι-
ότητά σου καὶ πᾶσαν τὴν δόξαν σου, καὶ κάτελθε εἰς τὸν
φίλον μου τὸν Ἀβραὰμ καὶ λάβε αὐτὸν καὶ ἄγαγε αὐτὸν
5 πρός με· ἀλλὰ καὶ νῦν λέγω σοι ὅτι μὴ ἐκφοβήσῃς αὐτὸν
ἀλλὰ μετὰ κολακίας τοῦτον παράλαβε, ὅτι φίλος μου
γνήσιος ὑπάρχει. ταῦτα ἀκούσας ὁ θάνατος ἐξῆλθεν ἀπὸ
προσώπου τοῦ ὑψίστου καὶ περιεβάλετο στολὴν λαμπρο-
τάτην καὶ ἐποίησεν ὄψιν ἡλιόμορφον καὶ γέγονεν εὐπρεπὴς
10 καὶ ὡραῖος ὑπὲρ τοὺς υἱοὺς τῶν ἀνθρώπων, ἀρχαγγέλου
μορφὴν περικείμενος, τὰς παρειὰς αὐτοῦ πυρὶ ἀστράπτων,
καὶ ἀπῆλθεν πρὸς τὸν Ἀβραάμ. ὁ δὲ δίκαιος Ἀβραὰμ
ἐξῆλθεν ἐκ τοῦ τρικλίνου αὐτοῦ καὶ ἐκάθητο ὑποκάτω τῶν
δένδρων τῶν Μαμβρινῶν, τὴν σιαγόνα αὐτοῦ τῇ χειρὶ
15 κατέχων καὶ ἐκδεχόμενος τὴν ἔλευσιν τοῦ ἀρχαγγέλου
Μιχαήλ. καὶ ἰδοὺ ὀσμὴ εὐωδίας ἤρχετο πρὸς αὐτόν, καὶ
φωτὸς ἀπαύγασμα· περιστραφεὶς δὲ Ἀβραὰμ εἶδεν τὸν
θάνατον ἐρχόμενον πρὸς αὐτὸν ἐν πολλῇ δόξῃ καὶ ὡραιό-
τητι· καὶ ἀναστὰς Ἀβραὰμ ὑπήντησεν αὐτῷ, νομίζων
20 εἶναι τὸν ἀρχιστράτηγον τοῦ θεοῦ· καὶ ἰδὼν αὐτὸν ὁ θάνα-
τος προσεκύνησεν αὐτὸν λέγων· Χαίροις, τίμιε Ἀβραάμ,
δικαία ψυχή, φίλε γνήσιε τοῦ θεοῦ τοῦ ὑψίστου, καὶ τῶν
ἁγίων ἀγγέλων ὁμόσκηνε. εἶπεν δὲ Ἀβραὰμ πρὸς τὸν
θάνατον· Χαίροις ἡλιόρατε, ἡλιόμορφε, συλλήπτωρ ἐν-
25 δοξότατε, φωτοφόρε, ἀνὴρ θαυμάσιε, πόθεν ἥκει ἡ σὴ
ἐνδοξότης πρὸς ἡμᾶς, καὶ τίς εἶ σύ, καὶ πόθεν ἐλήλυθας;
λέγει οὖν ὁ θάνατος· Ἀβραὰμ δικαιότατε, ἰδοὺ λέγω σοι
τὴν ἀλήθειαν· ἐγώ εἰμι τὸ πικρὸν τοῦ θανάτου ποτήριον.

2, 3 τὴν ὡραι.—καὶ κάτελθε] (ὅλην τὴν ἐνδοξότητα) CDE; τὴν ὡρ. σου τὴν
εὐπρεπεστάτην καὶ κατ. Β   3 εἰς] πρός AD   4 ἄγαγε] ἄγεις Β; φέρεις
CE   αὐτόν] τὴν ψυχὴν αὐτοῦ καὶ ἔλθῃς ἐνθάδε A   5 ἀλλά—ἐκφοβ.
αὐτόν] om Β   6 τοῦτον] ταύτην Β   7 ὑπάρχει] ἐστιν ACE
11 περικείμ.] περιβαλλόμενος A; προκείμ. CE   τὰς παρ.—ἀστράπτων]
τὰς παρίας αὐτοῦ πῦρ ἀπαυγάζων A; ταῖς παρειαῖς αὐτ. περιαστρ. Β; om CE
14 μαμβρ.] μαυριν. ACE; μελλιβρινων Β   15 ἔλευσιν] κέλευσιν A   16—
18 κ. φ. ἀπαύγ.—πρὸς αὐτόν] om CE   19 ὑπήντησεν αὐτῷ] ὑπήντησεν αὐτὸν
AE; ὑπαντήθη αὐτῷ Β   20 εἶναι—θεοῦ] ἕνα τῶν ἀρχιστ. ὑπάρχων τοῦ θῦ Β
22 τοῦ θεοῦ τοῦ ὑψίστου] om τοῦ θῦ E; τοῦ δεσπότου Β   23 ἁγίων] om A
24 συλλήπτωρ] om Β; θεοσυλλήπτωρ A   25 πόθεν—ἡ σή] πόθεν ἔοικας ἡ
οὒ A; πόθεν η καινὴ σή Β; πόθεν αἵηκεν ἡ ἐν σοι CE   26 ἐνδοξ.] ὑπερένδοξε A

J.

your fierceness, cover over your rottenness, and cast away from yourself your bitterness and put on your beauty and all your glory, and go down to my friend Abraham and take him and bring him to me. But now I say to you that you shall not terrify him, but take him with flattering speech, for he is my own friend."

Having heard these things, Death departed from the presence of the Most High and put on a very bright robe and made his appearance sunlike, and became more pleasing and beautiful than any human being. Having taken on the form of an archangel, his cheeks flashing fire, he set out for Abraham.

The righteous Abraham had left his room and was sitting under the trees of Mamre, holding his chin in his hand and awaiting the arrival of the archangel Michael. And behold, a sweet odor came toward him and a flashing of light. Abraham turned around and saw Death coming toward him in great glory and beauty. Abraham arose and went to meet him, thinking that he was the Archistrategos of God. And Death saw him and bowed and said, "Greetings, honored Abraham, O righteous soul, close friend of the Most High God and companion of the holy angels."

Abraham said to Death, "Greetings, sunlike, sun-resembling one, most glorious helper, luminous one, wondrous man; whence comes your glory to us, and who are you and whence do you come?"

Then Death said, "Abraham, most righteous one, behold, I shall tell you the truth. I am the bitter cup of death."

ABCDER λέγει αὐτῷ Ἀβραάμ· Οὐχί, ἀλλὰ σὺ εἶ ἡ εὐπρέπεια τοῦ κόσμου, σὺ εἶ ἡ δόξα καὶ τὸ κάλλος τῶν ἀγγέλων καὶ τῶν ἀνθρώπων, σὺ εἶ πάσης μορφῆς εὐμορφότερος, καὶ λέγεις ὅτι Ἐγὼ εἰμὶ τὸ πικρὸν τοῦ θανάτου ποτήριον καὶ οὐ λέγεις μᾶλλον ὅτι Ἐγὼ εἰμὶ παντὸς ἀγαθοῦ εὐμορφότερος; εἶπεν δὲ ὁ θάνατος· Ἐγὼ γὰρ λέγω σοι τὴν ἀλήθειαν· ὅπερ ὠνόμασέν με ὁ θεός, ἐκεῖνο καὶ λέγω σοι. εἶπεν δὲ Ἀβραάμ· Εἰς τί ἐλήλυθας ὧδε; εἶπεν δὲ ὁ θάνατος· Διὰ τὴν σὴν ἁγίαν ψυχὴν παραγέγονα. λέγει οὖν Ἀβραάμ· Οἶδα τί λέγεις, ἀλλ' οὐ μή σε ἀκολουθήσω. ὁ δὲ θάνατος ἐν σιωπῇ γενόμενος οὐκ ἀπεκρίθη αὐτῷ λόγον.

XVII. ἀνέστη δὲ Ἀβραὰμ καὶ ἦλθεν εἰς τὸν οἶκον αὐτοῦ· ἠκολούθει δὲ καὶ ὁ θάνατος ἕως ἐκεῖ· ἀνέβη δὲ Ἀβραὰμ εἰς τὸ τρίκλινον αὐτοῦ· ἀνέβη δὲ καὶ ὁ θάνατος μετ' αὐτοῦ· ἀνέπεσεν δὲ Ἀβραὰμ ἐπὶ τῆς κλίνης αὐτοῦ· ἦλθεν δὲ καὶ ὁ θάνατος καὶ ἐκαθέσθη παρὰ τοὺς πόδας αὐτοῦ. εἶπεν δὲ Ἀβραάμ· Ἄπελθε, ἄπελθε ἀπ' ἐμοῦ, ὅτι θέλω ἀναπαύεσθαι ἐν τῇ κλίνῃ μου. λέγει ὁ θάνατος· Οὐκ ἀναχωρῶ ἕως οὗ λάβω τὸ πνεῦμά σου ἀπὸ σοῦ. λέγει αὐτῷ Ἀβραάμ· Κατὰ τοῦ θεοῦ τοῦ ἀθανάτου σοι λέγω ἵνα μοι εἴπῃς τὸ ἀληθές· σὺ εἶ ὁ θάνατος; λέγει αὐτῷ ὁ θάνατος· Ἐγὼ εἰμὶ ὁ θάνατος· ἐγὼ εἰμὶ ὁ τὸν κόσμον λυμαίνων. εἶπεν δὲ Ἀβραάμ· Δέομαί σου, ἐπειδὴ σὺ εἶ ὁ θάνατος, ἀνάγγειλόν μοι, καὶ πρὸς πάντας οὕτως ἀπέρχῃ ἐν εὐμορφίᾳ καὶ δόξῃ καὶ ὡραιότητι τοιαύτῃ; καὶ ὁ θάνατος εἶπεν· Οὐχί, κύριέ μου Ἀβραάμ· αἱ γὰρ δικαιοσύναι σου καὶ τὸ ἄμετρον πέλαγος τῆς φιλοξενίας σου καὶ τὸ μέγεθος τῆς ἀγάπης σου τῆς πρὸς θεὸν ἐγένετο

1, 2 τοῦ κόσμου—ἀγγ. καὶ] om CE; om τῶν ἀγγ. καὶ B   5 ἀγαθοῦ] παντὸς ἀνοῦ A   6 ὅπερ] ὁποῖον ὄνομα ὀνόμασεν A   8, 9 διὰ—ψυχὴν] διὰ τῆς δικαίας σου ψυχῆς AB   12—17 ἀνέστη—πόδας αὐτοῦ] A; various clauses are omitted by each of the others   21 ἵνα—ἀληθές] εἰπέ ἡμῖν τὸ ἀλ. A; ἵνα μὴ εἴπῃς (εἰ) BCE   22 ἐγώ—θάνατος] om ACDE   22, 23 ὁ—λυμαίνων] τοῦ κόσμου ὁ λυμεὼν B   25 καὶ ὡραι.] om B   27—p. 99, 5 τὸ ἄμετρον—ἀνίλεῳ] om πέλαγος; has ἄγων τὸν στέφανον for ἐγέν. στεφ.; τοῖς δὲ οὕτοις (οὕτως) ἀπέρχομαι ἐν πολλῇ...ἀγριότητα...ἀνηλαίῳ ἀπέρχομαι τοῖς ἁμαρτ. τοὺς μὴ πράξαντας ἔλαιον A; στέφανος ἐπὶ τὴν κεφ. σου κ. ἐν δόξῃ κ. εὐπρέπεια κ. ἡσυχ. κ. ἀγαλλιάσει κ. ἀκολακία προσερχ....σαπρία κ. ἀγρ. τῷ βλέμματι κ. μεγίστη πικρία κ. ἀνηλεῶς B; τὸ μέτρον τῆς φιλοξ. σου ἐγέν. ἡ μορφή μου· τοῖς δὲ ἁμ. ἐν ἀγριότητι κ. πικρίᾳ πολλῇ CE

Abraham said to him, "No, rather are you the pleasantness of the world; you are the glory and the beauty of angels and men; you are the best formed of all forms--and you say, 'I am the bitter cup of death' and you do not rather say, 'I am the one better formed than any good thing'?"

Death said, "I indeed tell you the truth; I tell you the (name) which God gave me."

Abraham said, "Why have you come here?"

Death said, "I have appeared here because of your holy soul."

Then Abraham said, "I know what you mean, but I will not follow you."

Death was silent and did not answer a word.

XVII. Then Abraham got up and went to his house and Death followed him there. Abraham went up into his chamber and Death went up with him. Abraham lay down on his bed and Death came and sat at his feet. Abraham said, "Away, away from me, for I wish to rest in my bed!"

Death said, "I shall not depart until I take your spirit from you."

Abraham said to him, "By the immortal God, I say to you that you should tell me the truth. Are you Death?"

Death said to him, "I am Death; I am the destroyer of the world."

Abraham said, "I beseech you, since you are Death, tell me, do you come to all men thus, in beautiful form and glory and such beauty?

And Death said, "No, my lord Abraham, your righteous deeds and the boundless sea of your hospitality and the greatness of your love of God have

στέφανος ἐπὶ τῆς ἐμῆς κεφαλῆς, καὶ ἐν ὡραιότητι καὶ ἐν ABCDER ἡσυχίᾳ πολλῇ καὶ κολακίᾳ προσέρχομαι τοῖς δικαίοις· τοῖς δὲ ἁμαρτωλοῖς προσέρχομαι ἐν πολλῇ σαπρίᾳ καὶ ἀγριότητι καὶ μεγίστῃ πικρίᾳ καὶ ἀγρίῳ τῷ βλέμματι καὶ ἀνίλεῳ. εἶπεν δὲ Ἀβραάμ· Δέομαί σου, ἐπάκουσόν μου καὶ δεῖξόν μοι τὴν ἀγριότητά σου καὶ πᾶσαν τὴν σαπρίαν καὶ πικρίαν. καὶ εἶπεν ὁ θάνατος· Οὐ μὴ δυνηθῇς θεάσασθαι τὴν ἐμὴν ἀγριότητα, δικαιότατε Ἀβραάμ. εἶπεν δὲ Ἀβραάμ· Ναί, δυνήσομαι θεάσασθαί σου πᾶσαν τὴν ἀγριότητα ἕνεκεν τοῦ ὀνόματος τοῦ θεοῦ τοῦ ζῶντος, ὅτι ἡ δύναμις τοῦ θεοῦ μου τοῦ ἐπουρανίου μετ' ἐμοῦ ἐστίν. τότε ὁ θάνατος ἀπεδύσατο πᾶσαν αὐτοῦ τὴν ὡραιότητα καὶ τὸ κάλλος, καὶ πᾶσαν τὴν δόξαν καὶ τὴν ἡλιόμορφον μορφὴν ἣν περιέκειτο, καὶ περιεβάλετο στολὴν τυραννικήν, καὶ ἐποίησεν ὄψιν ζοφερὰν καὶ παντοίων θηρίων ἀγριωτέραν καὶ πάσης ἀκαθαρσίας ἀκαθαρσιωτέραν· καὶ ἐπέδειξεν τῷ Ἀβραὰμ κεφαλὰς δρακόντων πυρίνους ἑπτά, καὶ πρόσωπα δεκατέσσαρα, πυρὸς φλογεστάτου καὶ πολλῆς ἀγριότητος, καὶ πρόσωπον σκοτοειδὲς καὶ πρόσωπον ἐχίδνης ζοφωδέστατον καὶ πρόσωπον κρημνοῦ φρικωδεστάτου καὶ πρόσωπον ἀσπίδος ἀγριώτερον καὶ πρόσωπον λέοντος φοβεροῦ καὶ πρόσωπον κεραστοῦ καὶ βασιλίσκου· ἔδειξεν δὲ καὶ πρόσωπον ῥομφαίας πυρίνης καὶ πρόσωπον ξιφηφόρον καὶ πρίσωπον ἀστραπῆς φοβερῶς ἐξαστράπτον καὶ ἦχος βροντῆς φοβερᾶς· ἔδειξεν δὲ καὶ ἕτερον πρόσωπον θαλάσσης ἀγρίας κυματιζούσης καὶ ποταμὸν ἄγριον κοχλάζοντα καὶ δράκοντα τρικέφαλον φοβερὸν καὶ ποτήριον μεμεστωμένον φαρμάκων, καὶ ἁπλῶς εἰπεῖν ἔδειξεν αὐτῷ πολλὴν ἀγριότητα καὶ πικρίαν ἀβάστακτον καὶ πᾶσαν

6 δεῖξον] δίδαξον AB   8—10 Ἀβρ. εἶπεν—ἀγριότητα om B   10, 11 τοῦ ζῶντος—θεοῦ μου] om C; om τοῦ ζῶντος E; om μου B   12 ἀπεδύσατο] ἀπεκδ. A; om B   13 ἡλιόμ.] om BCDE   14 ἣν] om B   περιέκειτο] περιεκέκτητο A   15 ζοφ.] φοβερὰν B   παντ. θηρ.] παντὸς θηρίου A; πάντων θηρ. τὴν ἀγριότητα B   16 καὶ πασ. ἀκαθ.] om CE   ἀκαθαρσιωτέραν] om B   ἐπέδειξεν] ὑπέδ. AB   17 τῷ] τὸν codd   πυρίνους] om. CE   18 πυρὸς φλογεστάτου] πυρὸς φλογέστερον A; πυρὸς ἀγριώτερον C; πυρὸς καὶ πολλὴν ἀγρ. E   18, 19 καὶ πολλ. ἀγρ.] om B   19—28 The text mainly from A. The variations are innumerable, chiefly in the matter of omissions.

become a crown upon my head. I come to the righteous in beauty and in great gentleness and pleasant speech, but to the wicked I come in great rottenness and fierceness and greatest bitterness and fierceness and pitilessness of glance."

Abraham said, "I beg of you, hearken to me and show me your fierceness and all your rottenness and bitterness."

And Death said, "You would not be able to view my fierceness, O most righteous Abraham."

Abraham said, "Yes, I shall be able to view all your fierceness by means of the name of the living God, for the power of my heavenly God is with me."

Then Death put off all the beauty and loveliness and all the glory and sunlike form which he had taken on and put on the tyrannical robe, and he made his appearance dark and more fierce than any sort of beast, and more unclean than any uncleanness. And he showed Abraham seven fiery heads of dragons, and fourteen faces of most flaming fire and of every fierceness, and a dark face and a most gloomy viper's face, and the face of a most terrible precipice, and the fiercer face of an asp, and the face of a fearsome lion, and the face of a cerastes and of a basilisk. He also showed (him) the face of a fiery sword and a sword-bearing face and a face of lightning fearsomely flashing and a sound of fearsome thunder. He also showed another face of a wild sea raging and a river rushing and a fearsome three-headed dragon and a mingled cup of poisons. In short, he showed him great fierceness and unendurable bitterness and every

ABCDER νόσον θανατηφόρον ὡς τῆς ὀσμῆς τοῦ θανάτου. καὶ ἐκ τῆς πολλῆς πικρίας καὶ ἀγριότητος ἐτελεύτησαν παῖδες καὶ παιδίσκαι τὸν ἀριθμὸν ὡσεὶ χιλιάδες ἑπτά· καὶ ὁ δίκαιος Ἀβραὰμ ἦλθεν εἰς ὀλιγωρίαν θανάτου ὥστε ἐκλείπειν τὸ πνεῦμα αὐτοῦ.

XVIII. καὶ ταῦτα οὕτως ἰδὼν ὁ πανίερος Ἀβραὰμ εἶπεν πρὸς τὸν θάνατον· Δέομαί σου, πανώλεθρε θάνατε, κρύψον σου τὴν ἀγριότητα καὶ περιβαλοῦ τὴν ὡραιότητα καὶ μορφὴν ἣν εἶχες τὸ πρότερον. εὐθέως δὲ ὁ θάνατος ἔκρυψεν τὴν ἀγριότητα αὐτοῦ καὶ περιεβάλετο τὴν ὡραιότητα αὐτοῦ ἣν εἶχεν τὸ πρότερον. εἶπεν δὲ Ἀβραὰμ πρὸς τὸν θάνατον· Τί τοῦτο ἐποίησας, ὅτι ἀπέκτεινας πάντας τοὺς παῖδας καὶ παιδίσκας μου; εἰ ὁ θεὸς ἕνεκεν τούτου σε σήμερον ἀπέστειλεν ὧδε; καὶ ὁ θάνατος εἶπεν· Οὐχὶ, κύριέ μου Ἀβραὰμ, οὐκ ἔστιν καθὼς σὺ λέγεις· ἀλλὰ διὰ σὲ ἀπεστάλην ἕως ὧδε. εἶπεν δὲ Ἀβραὰμ πρὸς τὸν θάνατον· Καὶ πῶς οὗτοι τεθνήκασιν; οὐ κἂν ὁ κύριος εἶπεν; εἶπεν δὲ ὁ θάνατος· Πίστευσον, Ἀβραὰμ δικαιότατε, ὅτι καὶ τοῦτο θαυμαστόν ἐστιν, ὅτι κἂν καὶ σὺ μετ' αὐτῶν οὐχ ἡρπάγης· ἀλλ' ὅμως λέγω σοι τὴν ἀλήθειαν· καὶ γὰρ εἰ μὴ ἦν ἡ δεξιὰ χεὶρ τοῦ θεοῦ μετά σου ἐν τῇ ὥρᾳ ἐκείνῃ, καὶ σὺ τοῦ βίου τούτου ἀπαλλάξαι εἶχες. ὁ δὲ δίκαιος Ἀβραὰμ εἶπεν· Νῦν ἔγνωκα ἐγὼ ὅτι εἰς ὀλιγωρίαν θανάτου ἦλθον, ὥστε ἐκλείπειν τὸ πνεῦμά μου· ἀλλὰ δέομαί σου, πανώλεθρε θάνατε, ἐπειδὴ καὶ οἱ παῖδες ἀώρως τεθνήκασιν, δεῦρο δεηθῶμεν κυρίῳ τῷ θεῷ ἡμῶν ὅπως ἐπακούσῃ ἡμῶν καὶ ἀναστήσῃ τοὺς ἀώρως τεθνήξαντας διὰ τῆς σῆς ἀγριότητος. καὶ εἶπεν ὁ θάνατος· Ἀμὴν γένοιτο. ἀναστὰς οὖν ὁ Ἀβραὰμ ἔπεσεν ἐπὶ πρόσωπον τῆς γῆς προσευχόμενος καὶ ὁ θάνατος μετ' αὐτοῦ, καὶ ἀπέστειλεν ὁ θεὸς πνεῦμα ζωῆς ἐπὶ τοὺς τελευτήσαντας, καὶ ἀνεζωοποιήθησαν. τότε οὖν ὁ δίκαιος Ἀβραὰμ ἔδωκεν δόξαν τῷ θεῷ.

XIX. καὶ ἀνελθὼν ἐν τῷ τρικλίνῳ αὐτοῦ, ἀνέπεσεν· ἐλθὼν δὲ καὶ ὁ θάνατος ἔστη ἔμπροσθεν αὐτοῦ. εἶπεν δὲ

---

1 θανατηφ. ὡς τῆς ὀσμῆς τοῦ θαν.] θανατηφ. ἀώρως θνήσκοντα ἀλλ' ὑπερέβαινεν ἐκ πολλῆς B   ὡς—θανάτου] om CE   3 τὸν ἀριθμ.—χιλιάδες] om A   17 οὐ—εἶπεν] ἢ εἰς τοῦτο κ̅ς̅ ἀπέστειλέ σε σήμερον τοῦ θανατῶσαι αὐτούς; καὶ πῶς τούτους ἀπέκτεινας θανάτῳ, εἰ οὐκ εἶπε σοι κ̅ς̅ D

deadly sickness as of the odor of death. And from the great bitterness and fierceness about seven thousand male and female servants died, and the righteous Abraham entered the faint of death, as if his spirit had departed.

XVIII. And when the holy Abraham had seen these things, he said to Death, "I beseech you, all-destroying Death, hide your fierceness and put on the beauty and form which you had before."

At once Death hid his fierceness and put on his beauty which he had previously. Abraham then said to Death, "Why did you do this, that you killed all my manservants and maidservants? Did God send you here today for this?"

And Death said, "No, my lord Abraham, it is not as you say, but because of you I was sent here today."

Abraham said to Death, "How did these die? The Lord at least did pronounce it, didn't he?"

Death said, "Believe, most righteous Abraham, that rather is it a wonder that even you too were not taken away with them. But likewise, I say the truth to you, for if the right hand of God had not been with you at that time, you would have had to depart from this life."

The righteous Abraham said, "Now I know that I entered the faint of death, as if my spirit departed. But I beg you, all-destroying Death, since the servants died untimely, come let us implore the Lord our God that he hearken to us and revive those who were killed untimely by your fierceness."

And Death said, "I agree."

Then Abraham rose and he fell on the face of the earth in prayer, and Death with him, and God sent a spirit of life upon those who had died, and they were revivified. Then, therefore, the righteous Abraham gave glory to God.

XIX. And going up into his room, he lay down. Death came and stood before him. And

Ἀβραὰμ πρὸς αὐτόν· Ἔξελθε ἀπ' ἐμοῦ ὅτι θέλω ἀνα- ABCDER
παύεσθαι ὅτι ἐν ὀλιγωρίᾳ περίκειται τὸ πνεῦμά μου. καὶ
ὁ θάνατος εἶπεν· Οὐκ ἀναχωρῶ ἀπό σου ἕως οὗ λάβω τὴν
ψυχήν σου. καὶ ὁ Ἀβραὰμ αὐστηρῷ τῷ προσώπῳ καὶ
5 ὀργίλῳ τῷ βλέμματι εἶπεν πρὸς τὸν θάνατον· Τίς ὁ προσ-
τάξας σοι ταῦτα λέγειν; σὺ ἀφ' ἑαυτοῦ λέγεις ταῦτα τὰ
ῥήματα καυχώμενος, καὶ οὐ μή σε ἀκολουθήσω, ἕως οὗ ὁ
ἀρχιστράτηγος Μιχαὴλ ἔλθῃ πρός με καὶ ἀπέλθω μετ'
αὐτοῦ· ἀλλὰ καὶ τοῦτο λέγω σοι, εἰ μὲν θέλεις ἵνα ἀκο-
10 λυθήσω σοι, δίδαξόν με πάσας σου τὰς μεταμορφώσεις,
τὰς ἑπτὰ κεφαλὰς τῶν δρακόντων τὰς πυρίνας, καὶ τί τὸ
πρόσωπον τοῦ κρημνοῦ, καὶ τίς ἡ ῥομφαία ἡ ἀπότομος,
καὶ τίς ὁ ποταμὸς ὁ μεγάλα κοχλάζων, καὶ τίς ἡ βεβορ-
βορωμένη θάλασσα ἡ ἀγρίως κυματίζουσα· δίδαξόν με καὶ
15 περὶ τῆς βροντῆς τῆς ἀνυποφόρου καὶ τῆς φοβερᾶς ἀστρα-
πῆς καὶ τί τὸ ποτήριον τὸ δυσῶδες τὸ φάρμακα μεμεστω-
μένον· δίδαξόν με περὶ πάντων. καὶ ὁ θάνατος εἶπεν·
Ἄκουσον, δίκαιε Ἀβραάμ, τοὺς ἑπτὰ αἰῶνας ἐγὼ λυμαίνω
τὸν κόσμον καὶ πάντας εἰς ᾅδην κατάγω, βασιλεῖς καὶ
20 ἄρχοντας, πλουσίους καὶ πένητας, δούλους καὶ ἐλευθέρους
εἰς πυθμένα ᾅδου παραπέμπω· καὶ διὰ τοῦτο ἔδειξά σοι
τὰς ἑπτὰ κεφαλὰς τῶν δρακόντων· τὸ δὲ πρόσωπον τοῦ
πυρὸς ἔδειξά σοι, διότι πολλοὶ ὑπὸ πυρὸς κεκαυμένοι
τελευτῶσιν καὶ διὰ προσώπου πυρὸς τὸν θάνατον βλέ-
25 πουσιν· τὸ δὲ πρόσωπον τοῦ κρημνοῦ ἔδειξά σοι διότι
πολλοὶ τῶν ἀνθρώπων ἀπὸ ὕψους δένδρων ἢ κρημνῶν
φοβερῶν κατερχόμενοι, καὶ ἀνύπαρκτοι γινόμενοι, τελευ-
τῶσιν, καὶ εἰς τύπον κρημνοῦ φοβεροῦ θεωροῦσιν τὸν
θάνατον· τὸ δὲ πρόσωπον τῆς ῥομφαίας ἔδειξά σοι, διότι
30 πολλοὶ ἐν πολέμοις ὑπὸ ῥομφαίας ἀναιροῦνται, καὶ θεω-
ροῦσιν ἐν ῥομφαίᾳ τὸν θάνατον· τὸ δὲ πρόσωπον τοῦ
μεγάλου ποταμοῦ τοῦ κοχλάζοντος ἔδειξά σοι, διότι πολ-

2 περίκειται] πεπίρακται B (? τετάρακται)   4, 5 αὐστηρῷ—βλέμμ.] στερρῷ
τῷ βλεμμ. κ. ὀργ. τῷ προσ. A   7—17 ἕως οὗ—θάνατος εἶπεν] om CE
20 δούλ. κ. ἐλ.] γέροντας καὶ νέους D   21 εἰς πυθμ. ᾅδου παραπ.]; om ACDE
22, 23 τοῦ πυρός] πικρῶς B   23 διότι πολλοί—παραλόγως (§ xix. fin)] om
CE (which read ἔδειξά σοι διὰ τὴν πολλήν σου ἄδιαν τῆς διατάξεως); om D
23, 24 πυρὸς κεκαυμ.—διὰ] om B   27 κατερχ.—γινόμ.] om B

Abraham said to him, "Go away from me because I want to rest, for my spirit is in a faint."

And Death said, "I shall not depart from you until I take your soul."

And Abraham with an austere face and an angry look said to Death, "Who has instructed you to say this? You say these things boastfully of your own authority, and I shall not follow you until the Archistrategos Michael comes to me and I will go with him. But in addition, I say this to you: if you want me to follow you, teach me all your metamorphoses, the seven fiery dragons' heads, and what is the face of the cliff, and which is the sharp sword, and which is the river that roars mightily, and which is the tempestuous sea that storms fiercely. Teach me also about the unendurable thunder and the fearsome lightning and what is the evil-smelling cup full of poisons. Teach me about all things."

And Death said, "Hear, O righteous Abraham. For seven ages I devastate the world and lead all men down into Hades; kings and rulers, rich and poor, slaves and free men, I lead down to the depth of Hades. And therefore I showed you the seven dragons' heads. I showed you the face of fire because many will die burned with fire and will see death through the face of fire. The face of the cliff I showed you because many men descending from the tops of trees or fearful cliffs, becoming uncontrolled,[5] die and see death in the type of a fearsome cliff. I showed you the face of the sword because many are felled in wars by swords and see death in a sword. I showed you the face of the great roaring river because many

THE TESTAMENT OF ABRAHAM.

ABCDER λοὶ ὑπὸ ἐμβάσεως ὑδάτων πολλῶν ἁρπαζόμενοι καὶ ὑπὸ
μεγίστων ποταμῶν ἐπαιρόμενοι ἀποπνίγονται καὶ τελευ-
τῶσιν καὶ ἀώρως τὸν θάνατον βλέπουσιν· τὸ δὲ πρόσωπον
τῆς θαλάσσης τῆς ἀγρίας κυματιζούσης ἔδειξά σοι, διότι
πολλοὶ ἐν θαλάσσῃ κλυδωνίῳ μεγάλῳ περιπεσόντες ναυά- 5
γιοι γεγονότες ὑποβρύχιοι γίνονται θαλάσσιον θάνατον
βλέποντες· τὴν δὲ βροντὴν τὴν ἀνυπόφορον καὶ τὴν φο-
βερὰν ἀστραπὴν ἔδειξά σοι διότι πολλοὶ τῶν ἀνθρώπων
ἐν ὥρᾳ θυμοῦ τυχόντες βροντῆς ἀνυποφόρου καὶ ἀστραπῆς
φοβερᾶς ἐλθούσης ἐν ἁρπαγῇ ἀνθρώπων γίνονται καὶ 10
οὕτως τὸν θάνατον βλέπουσιν· ἔδειξά σοι καὶ θηρία
ἰόβολα, ἀσπίδας καὶ βασιλίσκους καὶ παρδάλεις καὶ λέ-
οντας καὶ σκύμνους καὶ ἄρκους καὶ ἐχίδνας καὶ ἁπλῶς
εἰπεῖν παντὸς θηρίου πρόσωπον ἔδειξά σοι, δικαιότατε,
διότι πολλοὶ τῶν ἀνθρώπων ὑπὸ θηρίων ἀναιροῦνται, ἕτεροι 15
δὲ ὑπὸ ὄφεων ἰοβόλων <δρακόντων καὶ ἀσπίδων καὶ
κεραστῶν καὶ βασιλίσκων> καὶ ἐχίδνης ἀποφυσούμενοι
ἐκλείπουσιν· ἔδειξά σοι δὲ καὶ ποτήρια δηλητήρια φάρ-
μακα μεμεστωμένα διότι πολλοὶ τῶν ἀνθρώπων ὑπὸ ἑτέ-
ρων ἀνθρώπων φάρμακα ποτισθέντες παρ' εὐθὺς ἀπαλ- 20
λάσσονται παραλόγως.

XX. εἶπεν δὲ Ἀβραάμ· Δέομαί σου, ἔστιν καὶ παρά-
λογος θάνατος; ἀνάγγειλόν μοι. λέγει ὁ θάνατος· Ἀμὴν
ἀμὴν, λέγω σοι ἐν ἀληθείᾳ θεοῦ, ὅτι ἑβδομήκοντα δύο εἰσὶν
θάνατοι· καὶ εἰς μὲν θάνατος ὑπάρχει ὁ δίκαιος ὁ ἔχων 25
ὅρον· καὶ πολλοὶ τῶν ἀνθρώπων παρὰ μίαν ὥραν εἰς
θάνατον ἔρχονται παραδιδόμενοι τῷ τάφῳ· ἰδοὺ γὰρ ἀνήγ-
γειλά σοι πάντα ὅσα ᾐτήσω· ἄρτι λέγω σοι, δικαιότατε
Ἀβραάμ, ἄφησαι πᾶσαν βουλὴν καὶ κατάλιπε τοῦ ἐρωτᾶν

1 ὑπὸ ἐμβάσεως] ὑπὸ δάσεως A; ὑπὸ ἐμμάσεως B   3 ἀώρως] ἀέρος A;
ἀοράτως B   6 ὑποβρύχιοι] ὑποβρύχιον A; om B   7 τὴν δὲ βρ. κ.τ.λ.]
B; τῆς thrice A   8—10 This passage is corrupt. A has: διότι—ᾱνων ἐν ὥρᾳ
θυμοῦ δρακόντων—βασιλίσκων (v. l. 16) καὶ σπαρδάλις καὶ λεοντας. B has εδειξα
σοι εν ω θυμον δρακ. κ. ασπ. και τυχοντες (? read θανάτου for θυμοῦ)   11 οὕτως]
οὗτοι B   18 ἐκλείπουσιν] a blank space of two lines occurs here in A
22, 23 δέομαι—ὁ θάνατος] καὶ τί ἐστιν ὁ ἄωρος θάνατος· ἀμὴν λέγω σοι ἰδοὺ ἀνάγ-
γηλαν σοι πάντα ἀρτίως γάρ σοι λέγω δικ. Ἀβρ. (l. 28) C; δέομαί σου θάνατε
ἀνάγγειλόν μοι καὶ τί ἔστιν ἄορος θάνατος εἰς τὴν παραλογίαν· ἀμὴν λέγω σοι
ἐν ἀληθείᾳ τοῦ θῡ ὅτι εὐδομήκοντα δύο θάνατοι εἰσὶν καὶ ἰδοὺ κ.τ.λ. (as C) E

are taken by the breaking in of flood waters and are carried away by great rivers and die of drowning and see death untimely. I showed you the face of the wild stormy sea because many when they meet a great surge at sea are shipwrecked and are swallowed up and see the sea as death. The unendurable thunder and the fearsome lightning I showed you because many men in an hour of wrath encountering the unendurable thunder and the fearsome lightning which comes with a seizing of men, become....,[6] and thus they see death. I showed you venomous beasts, asps and basilisks, leopards and lions and lions' cubs and bears and vipers, and in short I showed you the face of every wild beast, O most righteous one, for many men, fallen upon by wild beasts, others by poisonous snakes, < dragons and asps and cerastes and basilisks > and vipers, breathe out (their life) and depart the world. I showed you also the deadly cups filled with poisons because many men being given poisons to drink by other men are unexpectedly in a moment carried off."

XX. Abraham said, "I beg you, is there also an unexpected death? Tell me."

Death said, "Indeed, I say to you by the truth of God that there are seventy-two deaths. One is the just death which has its fitting hour, and many men go to death in a single hour, being delivered to the tomb. Behold I have told you everything you have asked. Now I say to you, O most righteous Abraham, lay aside every desire and cease inquiring

RECENSION A.

τι ἅπαξ· καὶ δεῦρο ἀκολούθει μοι καθὼς ὁ θεὸς καὶ κριτὴς ABCDER
τῶν ἁπάντων προσέταξέν μοι. εἶπεν δὲ Ἀβραὰμ πρὸς
τὸν θάνατον· Ἄπελθε ἀπ' ἐμοῦ ἔτι μικρόν, ἵνα ἀναπαύ-
σωμαι ἐν τῇ κλίνῃ μου, ὅτι ἀθυμία πολλή μοι ἐστίν· ἀφ'
5 οὗ γὰρ ἐθεασάμην σε τοῖς ὀφθαλμοῖς μου, ἡ ἰσχύς μου
ἐξέλιπεν, πάντα δὲ τὰ μέλη τῆς σαρκός μου δίκην μολύ-
βδου βάρος μοι φαίνονται, καὶ τὸ πνεῦμά μου ἐπὶ πολὺ
ταλανίζεται. μεταστῆθι ἐν ὀλίγοις· εἶπον γάρ, οὐχ ὑπο-
φέρω θεωρεῖν σου τὸ εἶδος. ἦλθεν δὲ Ἰσαὰκ ὁ υἱὸς αὐτοῦ
10 καὶ ἔπεσεν ἐπὶ τὸ στῆθος αὐτοῦ κλαίων· ἦλθεν δὲ καὶ ἡ
γυνὴ αὐτοῦ Σάρρα καὶ περιεπλάκη τοῖς ποσὶν αὐτοῦ ὀδυ-
ρομένη πικρῶς. ἤλθοσαν καὶ πάντες οἱ δοῦλοι αὐτοῦ καὶ
αἱ δοῦλαι καὶ περιεκύκλουν τὴν κλίνην αὐτοῦ ὀδυρόμενοι
σφόδρα. ὁ δὲ Ἀβραὰμ ἦλθεν εἰς ὀλιγωρίαν θανάτου·
15 καὶ εἶπεν ὁ θάνατος πρὸς τὸν Ἀβραάμ· Δεῦρο ἄσπασαι
τὴν δεξιάν μου· καὶ ἔλθῃ σοι ἱλαρότης καὶ ζωὴ καὶ δύνα-
μις. πεπλάνηκεν γὰρ τὸν Ἀβραὰμ ὁ θάνατος· καὶ ἠσπά-
σατο τὴν χεῖρα αὐτοῦ, καὶ εὐθέως ἐκολλᾶτο ἡ ψυχὴ αὐτοῦ
ἐν τῇ χειρὶ τοῦ θανάτου· καὶ εὐθέως παρέστη Μιχαὴλ ὁ
20 ἀρχάγγελος μετὰ πλήθους ἀγγέλων, καὶ ἦραν τὴν τιμίαν
αὐτοῦ ψυχὴν ἐν ταῖς χερσὶν αὐτῶν ἐν σινδόνι θεοϋφάντῳ·
καὶ μυρίσμασι θεοπνεύστοις καὶ ἀρώμασιν ἐκήδευσαν
τὸ σῶμα τοῦ δικαίου Ἀβραὰμ ἕως τρίτης ἡμέρας τῆς
τελειώσεως αὐτοῦ, καὶ ἔθαψαν αὐτὸν ἐν τῇ γῇ τῆς ἐπαγ-
25 γελίας, ἐν τῇ δρυῒ τῇ Μαμβρῇ, τήν τε τιμίαν αὐτοῦ ψυχὴν
ὤψίκευον οἱ ἄγγελοι καὶ ἀνήρχοντο εἰς τὸν οὐρανὸν ψάλ-
λοντες τὸν τρισάγιον ὕμνον τῷ δεσπότῃ τῶν ὅλων θεῷ, καὶ
ἔστησαν αὐτὴν εἰς προσκύνησιν τοῦ θεοῦ καὶ πατρός· καὶ
δὴ πολλῆς ἀνυμνήσεως καὶ δοξολογίας γενομένης πρὸς
30 κύριον, προσκυνήσαντος δὲ τοῦ Ἀβραάμ, ἦλθεν ἡ ἄχραντος
φωνὴ τοῦ θεοῦ καὶ πατρὸς λέγουσα οὕτως· Ἄρατε οὖν τὸν

9 εἶδος]+ ὡσεὶ θρόμβη αἵματος A   10 ἔπεσεν] πεσὼν A   10, 11 κλαιων—
Σ. καὶ] περιεπλάκη τοῖς ποσὶν τοῦ Ἀ. ὀδυρόμενος A   14 σφόδρα]+ καὶ ἐπέταξεν
ἐλευθερωθῆναι αὐτοὺς πάντας D   18 ἐκολλεῖτο A; κεκόληκεν B; κολυται C;
κεκολληται E   24 ἐν τῇ γῇ τῆς ἐπ.] om BCDE   29 ἀνυμνήσεως] δεήσεως
B; ὑμνήσεως CE   29—31 γενομένης—ἄρατε οὖν] γενομένης πρὸς κν, ὑπάγουν
τὴν τιμιαν αὐτοῦ ψ. εἰς τ. Π. B   30 προσκ. δὲ τοῦ Ἀ.] CE; om ABD   31 τοῦ
—πατρός] om BCDE

once and for all and come, follow me as the God and Judge of all things instructed me."

Abraham said to death, "Leave me yet a little longer that I may rest in my bed, for I am very tired. At the time when I saw you with my eyes my strength departed me; all the limbs of my flesh seem to me as a weight of lead and my breath is labored. Depart for a little time, for I said I cannot bear to see your appearance."

Isaac his son came and fell upon his breast weeping, and his wife Sarah came and she embraced his feet mourning bitterly. All his men slaves and women slaves came and encircled his bed mourning greatly. And Abraham entered into the faint of death.

And Death said to Abraham, "Come, kiss my right hand and cheerfulness and life and power will come to you."

For Death received Abraham and he kissed his hand, and at once his soul adhered to the hand of Death. And at once the archangel Michael came with a multitude of angels, and they took his precious soul in their hands in divinely woven linen. And they tended righteous Abraham's body with divine ointments and perfumes until the third day after his death, and they buried him in the promised land at the oak of Mamre. And the angels escorted his precious soul and ascended to the heavens singing the trishagion hymn to the Master of all, to God, and they set it in obeisance to God and Father.

And after there was great hymning and praising of the Lord, and Abraham made obeisance, the undefiled voice of God and Father came saying thus, "Take, therefore,

ABCDER φίλον μου τὸν Ἀβραὰμ εἰς τὸν παράδεισον, ἔνθα εἰσὶν αἱ σκηναὶ τῶν δικαίων μου καὶ μοναὶ τῶν ἁγίων μου Ἰσαὰκ καὶ Ἰακὼβ ἐν τῷ κόλπῳ αὐτοῦ, ἔνθα οὐκ ἔστιν πόνος, οὐ λύπη, οὐ στεναγμὸς, ἀλλ᾽ εἰρήνη καὶ ἀγαλλίασις καὶ ζωὴ ἀτελεύτητος. [μεθ᾽ οὗ καὶ ἡμεῖς, ἀδελφοί μου ἀγαπητοὶ, 5 τοῦ πατριάρχου Ἀβραὰμ τὴν φιλοξενίαν μιμησώμεθα καὶ τὴν ἐνάρετον αὐτοῦ κτησώμεθα πολιτείαν, ὅπως ἀξιωθῶμεν τῆς αἰωνίου ζωῆς, δοξάζοντες τὸν πατέρα καὶ τὸν υἱὸν καὶ τὸ ἅγιον πνεῦμα· αὐτῷ ἡ δόξα καὶ τὸ κράτος εἰς τοὺς αἰῶνας. Ἀμήν.] 10

2, 3 μου καὶ μοναὶ—κόλπῳ αὐτοῦ] om BCDE (παραδ. ἔνθα εἰσελεύσονται αἱ ψ. τῶν δικ. ἔνθα οὐκ B)   5 οὗ] ὧν CE   6 μιμησώμεθα] μιμίσασθε CE; ζηλώσωμεν A   6, 7 καὶ—πολιτ.] om B; κ. τὴν ἀγάπην κτισώμεθα CE 8, 9 δοξάζ.—πνεῦμα] ἅμα σὺν τῷ ἀνάρχῳ αὐτοῦ π̅ρ̅ι̅ καὶ τῷ ὁμοουσίῳ καὶ ζωοποιῷ αὐτοῦ π̅ν̅ι̅ πάντοτε B   9, 10 αὐτῷ—ἀμήν] νῦν καὶ ἀεὶ κ. εἰς τ. αἰ. τῶν αἰ. ἀμήν ABE

my friend Abraham to the garden (paradise), where the
tabernacles of my righteous ones and abodes of my holy ones
Isaac and Jacob are in his bosom, where there is no toil,
no sadness, no sighing, but peace and joy and endless life.
[After which we too, O my beloved brethren, let us imitate
the hospitality of the patriarch Abraham, and let us gain
his virtuous way of life that we may be worthy of eternal
life, praising the Father and the Son and the Holy Spirit.
His is the glory and the power forever. Amen.]

B.

ΔΙΑΘΗΚΗ ΤΟΥ ΠΑΤΡΙΑΡΧΟΥ ΑΒΡΑΑΜ.

[Τῇ κυριακῇ πρὸ τῆς χριστοῦ γεννήσεως τῶν ἁγίων πατέρων. Εὐλόγησον δέσποτα.]

I. Ἐγένετο ἡνίκα ἤγγισαν αἱ ἡμέραι τοῦ θανάτου ABC τοῦ Ἀβραάμ, εἶπεν κύριος πρὸς Μιχαήλ· Ἀνάστηθι καὶ πορεύθητι πρὸς Ἀβραὰμ τὸν δοῦλόν μου, καὶ εἰπὲ αὐτῷ ὅπως ἐξελεύσῃ τοῦ βίου, ὅτι ἰδοὺ ἐπληρώθησαν αἱ ἡμέραι
5 τῆς προσκαίρου ζωῆς σου· ὅπως διοικήσῃ τὰ τοῦ οἴκου αὐτοῦ πρὶν ἀποθανεῖν.

II. καὶ ἐπορεύθη Μιχαὴλ καὶ ἦλθεν πρὸς Ἀβραάμ, καὶ εὗρεν αὐτὸν καθιζόμενον ἔμπροσθεν τῶν βοῶν αὐτοῦ εἰς ἀροτριασμόν· ὑπῆρχεν δὲ γηραλέος πάνυ τῇ ἰδέᾳ· εἶχεν
10 δὲ ἐνηγκαλισμένον τὸν υἱὸν αὐτοῦ. ἰδὼν οὖν Ἀβραὰμ τὸν ἀρχάγγελον Μιχαήλ, ἀναστὰς ἐκ τῆς γῆς ἠσπάσατο αὐτόν,

---

A=Par. Gr. 1613. B=Par. Suppl. Grec 162. C=Cod. Vind. Theol. Gr. cxxvi.

Tit. Διήγησις περὶ τῆς διαθήκης καὶ περὶ τοῦ θανάτου τοῦ ἐν ἁγίοις π̅ρ̅ς ἡμῶν Ἀ. τοῦ π̅ρ̅ιάρχου καὶ δικαίου καὶ φιλοξένου. Δέσπ. εὐλ. B; Λόγος περὶ τῆς θανῆς τοῦ Ἀ. ὅτε ἀπέστειλεν κ̅ς ὁ θ̅ς τὸν ἄγγελον αὐτοῦ καὶ ἦρεν αὐτὸν σωματικῶς εἰς τὰ ἐπουράνια C

1, 2 ἐγένετο—Μιχαήλ] Ἡνίκα ἐπληροῦντο αἱ ἡμ. τῆς ὅλης βιωτῆς τοῦ παντευλογήτου κ. δικαίου π̅ρ̅ς ἡμῶν Ἀ. τοῦ πατριάρχου, εἶπεν κ̅ς πρὸς τὸν μέγαν ἀρχιστράτηγον Μιχ. B; ἐγένετο ἡνίκα ἔφθησεν ἡ θανὴ τοῦ Ἀ., ἀπέστειλεν κ̅ς θ̅ς Μιχ. τὸν ἀρχιστράτηγον κ. εἶπεν αὐτῷ C   8, 9 ἔμπροσθεν—ἀροτρ.] ἐμπρ. τῶν ἀροτριωτῶν ἐν τῷ ἀγρῷ αὐτοῦ C   9, 10 εἶχεν—αὐτοῦ] om AC   11 ἀναστὰς—γῆς] om AB

58

RECENSION B

TESTAMENT OF THE PATRIARCH

ABRAHAM

I. It came to pass when the days of Abraham's death came close, the Lord said to Michael, "Arise and go to Abraham my servant and say to him, 'You shall depart this life, for behold, the days of your temporal life are filled,' so that he may set his house in order before he dies."

II. And Michael went and came to Abraham and found him sitting before his oxen in tilling. He had an exceedingly old appearance and he was holding his son in his arms. When therefore Abraham saw the archangel Michael, he arose from the ground and greeted him

ABC μὴ εἰδὼς τίς ἐστιν, καὶ εἶπεν πρὸς αὐτόν· Σῶσόν σε ὁ θεός· ἄναστα καλῶς πορευόμενος τὴν ὁδόν σου. καὶ ἀπεκρίθη αὐτῷ Μιχαήλ· Φιλάνθρωπος εἶ σύ, καλὲ πάτερ. καὶ ἀπεκρίθη Ἀβραὰμ καὶ εἶπεν αὐτῷ· Ἐλθέ, ἔγγισόν μοι, ἀδελφέ, καὶ καθέζου ὀλίγην ὥραν ἵνα προστάξω ἐνεχθῆναι 5 ζῶον, ἵνα ἀπέλθωμεν ἐν τῷ οἴκῳ μου καὶ ἀναπαύῃς μετ' ἐμοῦ, ὅτι πρὸς ἑσπέρα ἐστίν, καὶ τῷ πρωῒ ἀναστὰς πορεύου ὅπου ἂν βούλῃ, μήπως συναντήσῃ σοι θηρίον πονηρὸν καὶ καταικίσῃ σε. ἠρώτησεν δὲ Μιχαὴλ τὸν Ἀβραὰμ λέγων· Εἰπέ μοι τὸ ὄνομά σου, πρὶν εἰσελθεῖν 10 ἐν τῷ οἴκῳ σου, μὴ ἐπιβαρὴς γένωμαί σοι. καὶ ἀπεκρίθη Ἀβραὰμ καὶ εἶπεν· Οἱ γονεῖς μου ὠνόμασάν με Ἀβράμ, καὶ ὁ κύριος ἐπωνόμασέν με Ἀβραάμ, λέγων· Ἀνάστηθι καὶ πορεύου ἐκ τοῦ οἴκου σου καὶ ἐκ τῆς συγγενείας σου, καὶ δεῦρο εἰς γῆν ἣν ἄν σοι δείξω· καὶ ἀπελθόντος μου εἰς 15 τὴν γῆν ἣν ὑπέδειξέ μοι ὁ κύριος, εἴρηκέν μοι· Οὐκέτι κληθήσεται τὸ ὄνομά σου Ἀβράμ, ἀλλ' ἔσται τὸ ὄνομά σου Ἀβραάμ. ἀπεκρίθη Μιχαὴλ καὶ εἶπεν αὐτῷ· Συγχώρησόν μοι, πάτερ μου, ἄνθρωπε τοῦ θεοῦ μεμελετημένε, ὅτι ξένος εἰμί, καὶ ἤκουσα περί σου ὅτε ἀπῆλθες σταδίους 20 τεσσαράκοντα καὶ ἤνεγκας μόσχον, καὶ ἔθυσας αὐτόν, ξενιζόμενος ἀγγέλους ἐν τῷ οἴκῳ σου, ἵνα ἀναπαυθῶσιν. ταῦτα ἀμφότεροι λαλήσαντες, ἀναστάντες ἐν τῷ οἴκῳ ἐπορεύοντο. ἐκάλεσεν δὲ Ἀβραὰμ ἕνα τῶν παίδων αὐτοῦ καὶ εἶπεν αὐτῷ· Πορεύθητι, ἄγαγέ μοι κτῆνος ὅπως καθίσῃ ἐπ' 25

4, 5 κ. εἶπεν—καθέζου] εἶπεν· εὐλογημένος εἶ· καὶ σὺ καλὲ πέρ κ. ὁ Ἀ. αὖθης πρὸς αὐτὸν φιλάνθρωπος ἐλθὲ ἀδελφὲ ἔγγιστα μου κ. κάθησον B   4—11 κ. εἶπεν—ἀπεκρίθη] κ. καθίσαντες ὁμοῦ ἠρώτησεν Ἀ. τὸν ἄγγελον λέγων· ἄνθρωπε πορευόμενος τὴν ὁδὸν πόθεν ἔρχει κ. ποῦ ἀπέρχει· ἀπεκρίθη αὐτῷ Μ. στρατιώτης εἰμὶ κ. πορευόμ. τ. ὁδ. ἔμαθον περὶ τῆς φιλανθρωπίας σου κ. ἦλθον πρὸς σὲ τοῦ ἰδεῖν τίς εἶ σύ· κ. εἶπεν C   5, 6 ἵνα—ζῶον] ὅπως φθάσῃ ἄλογον ζῶον A; ὅπως παρακελεύσομαι τοῦ ἀχθῆναι ζῶα C   7—9 ὅτι—καταικ. σε] νῦν δὲ ἐὰν πορεύει πρὸς ἑσπέραν ἐστὶν κ. ἴσος πορευόμενος τῇ νυκτὶ ταραχθῇς διὰ τηνὸς νυκτερινοῦ φαντάσματος B   9 καταικίσῃ] κατηχήσῃ A; ταραχθεὶς C   12, 13 οἱ γονεῖς—λέγων] Ἀβράμ μὲν ἤκουον τὸ πρότερον ὁ δὲ κ̅ς̅ ἐκάλεσέν με τὸ δεύτερον κ. εἶπεν μοι B   18, 19 Συγχώρ.—μεμελετημ.] ξενίζομαί σε ἄνθρωπε τοῦ θ̅υ̅ ὑπερεπενούμεναι B; συγχωρ. μοι πάτερ ὅτι ἐπιξενοῦμαι ἄνθρωπε τοῦ θ̅υ̅ καὶ μέμνημαι C   21 ἔθυσας αὐτόν] ἔθηκας αὐτῷ μόσχους A; om B   21, 22 ξενιζομ. ἀγγ.] ξενιζομένους A; om B   22, 23 ταῦτα—λαλήσ.] om AC   23—p. 31, 3 ἐν τῷ οἴκῳ—οἴκῳ σου] ἐπορεύθησαν· ἐκάλεσεν—εἶπεν· πορεύθητι ἀγαγεῖν

without knowing who he was and said to him, "May God protect you. May you endure well the travel of your journey."

And Michael answered him, "You are a kind man, good father."

And Abraham replied and said to him, "Come, approach me, brother, and sit for a little time so that I may give instructions for an animal to be brought, so that we may set out for my house and you may rest with me, for it is now toward evening. In the morning when you get up, go wherever you want, (for I fear) lest an evil beast encounter you and harm you."

Michael asked Abraham saying, "Tell me your name before I enter your house, lest I become a burden to you."

And Abraham answered and said, "My parents called me Abram, and the Lord named me Abraham saying, 'Arise and journey from your house and from your family and come here to a land which I will show you.' And as I set out for the land which the Lord showed me, He said to me, 'Your name shall no longer be called Abram, but your name shall be Abraham.'"

Michael replied and said to him, "Pardon me, my father, man cared for by God, for I am a stranger and I have heard about you when you went forty stadia and brought a calf and slaughtered it, offering hospitality to angels in your house, that they might rest."

After they had both said these things, arising they set out for the house. Abraham called one of his servants and said to him, "Go, bring me a beast, that

αὐτὸν ὁ ξένος, ὅτι ἐκοπιάθη ἐκ τῆς ὁδοιπορίας. καὶ εἶπεν ABC
Μιχαήλ· Μὴ σκύλλε τὸ παιδάριον, ἀλλὰ ἀπέλθωμεν μετεωριζόμενοι ἕως οὗ φθάσωμεν ἐν τῷ οἴκῳ σου, διότι ἠγάπησά σου τὴν ὁμιλίαν.

III. καὶ ἀναστάντες ἐπορεύοντο· καὶ ὡς ἤγγισαν τῇ πόλει, ὡς ἀπὸ σταδίων τριῶν, εὗρον δένδρον μέγα ἔχον κλάδους τριακοσίους, ὅμοιον ἐρηκινοῦ· καὶ ἤκουον φωνὴν ἐκ τῶν κλάδων αὐτοῦ ᾀδομένην· Ἅγιος ὅτι τὴν πρόφασιν ἤνεγκας περὶ ὧν ἀπεστάλης· καὶ ἤκουσεν Ἀβραὰμ τῆς φωνῆς, καὶ ἔκρυψεν τὸ μυστήριον ἐν τῇ καρδίᾳ αὐτοῦ, λέγων ἐν ἑαυτῷ· Ἆρα τί ἐστιν τὸ μυστήριον ὅπερ ἀκήκοα; ὡς δὲ ἦλθεν ἐν τῷ οἴκῳ, λέγει Ἀβραὰμ τοῖς παισὶν αὐτοῦ· Ἀναστάντες ἐξέλθατε εἰς τὰ πρόβατα, καὶ ἐνέγκατε τρία θρέμματα καὶ σφάξατε ταχέως καὶ ὑπηρετήσατε ἵνα φάγωμεν καὶ πίωμεν· ὅτι εὐφρασία ἐστὶν ὡς ἡ ἡμέρα αὕτη. καὶ ἤνεγκαν οἱ παῖδες τὰ θρέμματα, καὶ ἐκάλεσεν Ἀβραὰμ τὸν υἱὸν αὐτοῦ τὸν Ἰσαὰκ καὶ εἶπεν αὐτῷ· Τέκνον Ἰσαάκ, ἀνάστηθι καὶ βάλε ὕδωρ ἐπὶ τῆς λεκάνης, ἵνα νίψωμεν τοὺς πόδας τοῦ ξένου τούτου. καὶ ἤνεγκεν ὡς προσετάχθη· καὶ εἶπεν Ἀβραάμ· Κατανόησιν ἔχω ὅπερ καὶ γενήσεται, ὅτι ἐν τῷ τρυβλίῳ τούτῳ οὐ μὴ νίψω ἔτι τοὺς πόδας

—μὴ σύλε τὸ π. ἀλλὰ περιπατήσωμεν—σου A; ἐν—ἐπορεύοντο—ἕνα ἐκ τῶν παιδαρίων—κτήνος καὶ γενέσθωσαν ἐδέσματα ὅπως συνεσθιασθῶμεν μετὰ τοῦ ξένου ὅτι ἐκτὸς ὁδοπορίας ἐστίν· ἀποκριθεὶς δὲ ὁ ἀρχάγγ. M. εἶπεν πρὸς αὐτόν· μισκυλε τὸ π. —οἴκῳ σου B; ἐπορ. καθήμενοι τοῖς ἵπποις· ὅτε δὲ ἦλθον ἐν τῷ οἴκῳ ἐκάλ. Ἀ. ἕνα τῶν οἰκοπαίδων αὐτοῦ κ. εἶπ. αὐτῷ· πορεύου κ.—κτήνος· κ. καθήσας ἐν αὐτῷ πορεύθητι ἐπὶ τὰ πρόβατα κ. κόμισόν μοι τρία θρέμματα· ὅπως θύσαντες εὐφρανθῶμεν μετὰ τοῦ ξένου ὅτι ἐκάμαμεν ἐκ τῆς ὁδοιπ. ἀπεκρ. δὲ M. μηκέτι τὸ π. ἀλλὰ περιπατήσωμεν ἀμφότεροι μετεωρ. ἕως φθ. εἰς τὸ ποίμνιον κ. πάλιν στραφῶμεν C
8, 4 διότι—ὁμιλίαν] om AB   5, 6 καὶ ὡς—τριῶν] κ. πορεβόμενοι ὡς ἀπὸ σταδ. δύο ἐγγίσαντες τῇ πόλει B; καὶ ὡς ἤγγ. ἀπὸ σταδ. δύο τῆς ποίμνης C
6, 7 ἔχον—ἐρηκινοῦ] τριακ. κλαδ. ἔχοντα B; ὅμοιον τρεκίνου C   7 ἐρηκινοῦ] ἐρηκινόν A   8 ᾀδομένην] λέγουσαν AC; ἀδομένην B   8, 9 ἅγιος—ἀπεστ.] ὅτι προφανῇ—ἀπέστειλας A; ἁγία ἡ πρόφασις περὶ οὗ ἀπεστάλης B   10 φωνῆς] + ἧς ἤχησεν ἐν αὐτῷ C   11 ἀκήκοα] + ἦλθον δὲ κ. παῖδες δύο κ. ἐκόμισαν ἐκ τοῦ ποιμνίου θρέμματα τρία κ. ἔσφαξαν ταχέως κ. ἐξυπηρέτησαν τῇ τραπέζῃ C
13, 14 ἀναστάντες—ταχέως καὶ] om C   15 εὐφρασία—αὕτη] εὐφρ. σήμερον γίνεται A(C); εὐφρόσυνος ἐστὶν ὡσὶ ἡμ. αὕτη B   16 καὶ—θρέμμ.] om C
19, 20 καὶ ἤνεγκεν—Ἀβρ.] κ. ἦν. Ἀ. ἐν τῇ καρδίᾳ αὐτοῦ λέγων A; κ. ποιήσας ὡς προσετ. κ.εἶπεν Ἀ. B; κ. ἦν. κ. εἶπεν Ἀ. νίψον τέκνον τοὺς πόδας τοῦ ξένου· ὅτι C
20 κατανόησιν—γενήσεται] γενήσεται A; ὑπολαμβάνω ἐν τῇ ψυχῇ μου C

the stranger may mount, for he is wearied from his travel."

Michael said, "Do not trouble the youth, but let us go amusing ourselves until we arrive at your house, for I love your conversation."

III. They arose and went, and when they approached the city, at a distance of three stadia, they found a big tree with three hundred branches, like a tamarisk. And they heard a voice singing from the branches, "Holy (are you) because you bore the pretext concerning the things for which you were sent." And Abraham heard the voice and he hid the mystery in his heart saying to himself, "What is the mystery which I heard?"

As Abraham came into the house he said to his servants, "Get up and go out to the flocks and bring three lambs and slaughter them quickly and prepare them so that we may eat and drink, because today is a feast."

The servants brought the lambs, and Abraham summoned his son Isaac and said to him, "Son Isaac, arise and put water into the bowl so that we may wash the feet of this stranger."

He brought (it) as he was instructed. Abraham said, "I have a notion of what will be, that in this bowl I shall no more wash the feet

ABC ἀνθρώπου ξενιζομένου πρὸς ἡμᾶς. ἀκούσας δὲ Ἰσαὰκ τοῦ πατρὸς αὐτοῦ λαλοῦντος ταῦτα, ἐδάκρυσεν, καὶ λέγει πρὸς αὐτόν· Πάτερ μου, τί ἐστιν τοῦτο ὅτι εἶπας Ἔσχατόν μου ἐστὶν νίψαι πόδας ἀνθρώπου ξένου; καὶ ἰδὼν Ἀβραὰμ τὸν υἱὸν αὐτοῦ κλαίοντα, ἔκλαυσεν καὶ αὐτὸς σφόδρα· καὶ Μιχαὴλ ἰδὼν αὐτοὺς κλαίοντας, ἔκλαυσεν καὶ αὐτός· καὶ ἔπεσαν τὰ δάκρυα Μιχαὴλ ἐπὶ τῆς λεκάνης, καὶ ἐγένετο λίθος πολύτιμος.

IV. ὡς δὲ ἤκουσεν ἡ Σάρρα τοῦ κλαυθμοῦ αὐτῶν ἔσω οὖσα ἐν τῇ οἰκίᾳ αὐτῆς, ἐξελθοῦσα εἶπεν τῷ Ἀβραάμ· Κύριε, τί ἐστιν ὅτι οὕτως κλαίετε; καὶ ἀπεκρίθη Ἀβραὰμ καὶ εἶπεν αὐτῇ· Οὐδὲν κακόν ἐστιν· εἴσελθε ἐν τῇ οἰκίᾳ σου, καὶ ἐργάζου τὰ ἴδιά σου, μὴ ἐπιβαρεῖς γενώμεθα τῷ ἀνθρώπῳ. καὶ ἀνεχώρησεν ἡ Σάρρα, ὅτι ἔμελλεν ἑτοιμάζειν τὸν δεῖπνον. καὶ ἤγγισεν ὁ ἥλιος τοῦ δῦναι· καὶ ἐξῆλθεν Μιχαὴλ ἔξω τοῦ οἴκου, καὶ ἀνελήφθη εἰς τοὺς οὐρανοὺς προσκυνῆσαι ἐνώπιον τοῦ θεοῦ· τοῦ γὰρ ἡλίου δύνοντος πάντες προσκυνοῦσιν ἄγγελοι τὸν θεόν· πρῶτος δέ ἐστιν ὁ αὐτὸς Μιχαὴλ τῶν ἀγγέλων. καὶ προσεκύνησαν πάντες καὶ ἀπῆλθον, ἕκαστος εἰς τὸν τόπον αὐτοῦ. ἀποκριθεὶς δὲ Μιχαὴλ ἐνώπιον τοῦ θεοῦ εἶπεν· Κύριε, κέλευσόν με ἐρωτηθῆναι ἐνώπιον τῆς ἁγίας δόξης σου. καὶ λέγει κύριος πρὸς Μιχαήλ· Ἀνάγγειλον ὅπερ βούλῃ. ἀποκριθεὶς δὲ ὁ ἀρχάγγελος εἶπε· Κύριε, σύ με ἀπέστειλας πρὸς Ἀβραάμ, εἰπεῖν αὐτῷ· Ὑποχώρησον ἐκ τοῦ σώματός σου, καὶ ἔξελθε ἐκ τοῦ κόσμου· καλεῖ σε ὁ κύριος· κἀγὼ

2 ταῦτα—καὶ λέγει] τὰ δάκρυα ταῦτα εἰσήνεγκεν λέγων A; ταῦτα δάκρυα εἰσήνεγκεν C   10—12 εἶπεν τῷ Ἀ.—αὐτῇ] om B   11 κύριε] om C   τί—κλαίετε] τίς οὕτως οὐ κλέετε A   13, 14 ἐπιβαρεῖς—ἀνθρώπῳ] προξενισθῶμεν τὸ παρόντι ξένῳ λύπην B; ἐπιβ. γένη. τῶ ξένω ἀνθ. τούτω C   14—16 ἀνεχώρ.—ἐξῆλθεν] ἀνεχώρ.—ὅτε δὲ ἔμελλον—δεῖπνον, ἤγγισεν—εἰς τὸ δύνειν κ. ἐξῆλθεν C; ἀναχωρήσασα ἡ Σ. μέλλοντος τοῦ δ. ἑτοιμάζεσθαι τοῦ ἡλίου δύνοντος ἐξελθὼν B   16, 17 τοὺς οὐρ.] τὸν οὐρανὸν B   18—20 προσκυνῆσαι—τόπον αὐτοῦ] καὶ προσεκύνησεν τὸν θν̄ κ. οὕτως οἱ λιποὶ ἄγγελοι· τύπος γὰρ ἦν προσκυνεῖν δύνοντος τοῦ ἡλ. πάντας τοὺς ἀγγ. ἐνωπ. τ. θῡ πρῶτον ὁ ἀρχάγγ. Μ. κ. οὕτως οἱ λιποὶ ἄγγ. ὑποχωρησάντων δὲ τῶν ἀγγ. εἰς τ. ἰδίους τόπους κ. τοῦ Μ. ἱσταμένου ἐνώπιον τοῦ θεοῦ B   22 ἐρωτηθῆναι] ἐρωτῶ σε A; λαλῆσαι C   τῆς ἁγ. δοξ. σου] σου, κύριε A   22—24 καὶ λέγει—ἀρχάγγ. εἶπε] om A; κ. λέγει ὁ κς̄ λέγε, M., ὃ βούλει C   26—p. 109, 2 κἀγὼ—ὑποδεχόμενος] κ. ἀπελθὼν οὐδ' ἐν λόγῳ ἔφρηξα αὐτόν, διὰ τὸ γινώσκειν αὐτὸν φίλον σου καθαρὸν κ. ἀψευδέστατον

of a man who is our guest."

When Isaac heard his father saying these things, he cried and said to him "My father, why do you say, 'This is the last of my washing of strangers' feet'?"

When Abraham saw his son crying, he too cried exceedingly, and Michael, seeing them crying, also cried. And Michael's tears fell into the bowl and became a very precious stone.

IV. When Sarah heard their crying--for she was inside her house--she came out and said to Abraham, "My lord, why is it that you cry thus?"

Abraham answered and said to her, "It is nothing bad. Go into your house and be busy with your own affairs, lest we become burdensome to the man."

And Sarah went away, for she had to prepare the supper. And the sun was about to set, and Michael went outside the house and he was taken up into the heavens to bow down before God, for at the setting of the sun all the angels bow down before God. The same Michael is the first of the angels. And they all bowed down and departed each to his place, but Michael replied before God and said, "Lord, order me to be questioned before your holy glory."

The Lord said to Michael, "Announce whatever you wish."

The archangel replied and said, "O Lord, you sent me to Abraham to say to him, 'Depart from your body and go out of the world. The Lord calls you.' And I

οὐ τολμῶ, κύριε, ἐμφανισθῆναι αὐτῷ, ὅτι φίλος σου ἐστὶν ABC
καὶ δίκαιος ἄνθρωπος, ξένους ὑποδεχόμενος· ἀλλὰ παρα-
καλῶ σε, κύριε, κέλευσον τὴν μνήμην τοῦ θανάτου τοῦ
Ἀβραὰμ εἰς τὴν καρδίαν αὐτοῦ εἰσελθεῖν, καὶ μὴ αὐτῷ
5 ἐγὼ εἴπω· μεγάλη γὰρ συντομία τοῦτό ἐστιν, εἰπεῖν ὅτι
Τὸν κόσμον ἔξελθε, μάλιστα δὲ καὶ ἀπὸ τοῦ ἰδίου σώ-
ματος· σὺ γὰρ ἐξ ἀρχῆς ἐποίησας αὐτὸν ἐλεεῖν ψυχὰς
πάντων ἀνθρώπων. τότε κύριος πρὸς Μιχαὴλ εἶπεν
Ἀνάστηθι καὶ πορεύου πρὸς Ἀβραάμ, καὶ ξενίζου πρὸς
10 αὐτόν· καὶ ὅτι ἂν ἴδῃς ἐσθίοντα, φάγε καὶ σύ, καὶ ὅπου ἂν
κοιμηθῇ, κοίμησαι καὶ σὺ ἐκεῖ· ἐγὼ γὰρ ῥίψω τὴν μνήμην
τοῦ θανάτου τοῦ Ἀβραὰμ εἰς τὴν καρδίαν Ἰσαὰκ τοῦ υἱοῦ
αὐτοῦ κατ' ὄναρ.

V. τότε Μιχαὴλ ἀπῆλθεν εἰς τὸν οἶκον Ἀβραὰμ
15 ἐν τῇ ἑσπέρᾳ ἐκείνῃ, καὶ εὗρεν αὐτοὺς ἑτοιμάζοντας τὸν
δεῖπνον· καὶ ἔφαγον καὶ ἔπιον καὶ εὐφράνθησαν. καὶ εἶπεν
Ἀβραὰμ τῷ υἱῷ αὐτοῦ Ἰσαάκ· Ἀνάστηθι, τέκνον, στρῶ-
σον τὴν κλίνην τοῦ ἀνθρώπου ἵνα ἀναπαύῃ, καὶ θὲς τὸν
λύχνον ἐπὶ τὴν λυχνίαν. καὶ ἐποίησεν Ἰσαὰκ καθὰ συνέ-
20 ταξεν ὁ πατὴρ αὐτοῦ. καὶ εἶπεν Ἰσαὰκ τῷ πατρὶ αὐτοῦ·
Πάτερ, ἔρχομαι κἀγὼ ἔγγιστα ὑμῶν κοιμηθῆναι. καὶ ἀπε-
κρίθη Ἀβραὰμ πρὸς αὐτόν· Οὐχί, τέκνον μου, μήποτε
ἐπιβαρεῖς γενώμεθα τῷ ἀνθρώπῳ τούτῳ, ἀλλὰ ἄπελθε ἐν
τῷ ταμείῳ σου καὶ ἀναπαύου. μὴ θέλων δὲ Ἰσαὰκ παρα-
25 κοῦσαι <τὸ> τοῦ πατρὸς αὐτοῦ πρόσταγμα, ἀπελθὼν ἀνε-
παύσατο ἐν τῷ ταμείῳ αὐτοῦ.

VI. καὶ ἐγένετο περὶ ὥραν ἑβδόμην τῆς νυκτός,
ἐξυπνισθεὶς ὁ Ἰσαὰκ ἦλθεν εἰς τὴν θύραν τοῦ οἴκου τοῦ
πατρὸς αὐτοῦ κράζων καὶ λέγων· Πάτερ, ἄνοιξον, ἵνα σε
30 ἀπολαύσω πρίν σε ἀροῦσιν ἀπ' ἐμοῦ. ἀνέστη δὲ Ἀβραὰμ
καὶ ἤνοιξεν, καὶ εἰσῆλθεν Ἰσαὰκ καὶ ἐκρεμάσθη ἐπὶ τοῦ

εἶναι κ. δίκαιον ἄνον κ. ξενοδόχον ἐμπερεχαρῆ κ. ἀονείδηστον B   1 ἐμφα-
νισθῆναι] ἐκφᾶναι λόγον C   4 καρδίαν]+τοῦ υἱοῦ B   5, 6 μεγάλη—
ἔξελθε] μεγάλως γὰρ λυπηθήσεται ἐὰν ἄφνω ἀκούσῃ ἀπ' ἐμοῦ ὅτι μέλλει ἀπὸ τοῦ
κόσμου ἐξέρχεσθαι B; μεγάλη γὰρ συντομὴ αὐτοῦ ἐστιν τὸ εἰπεῖν—ἐξέρχει μάλιστα
κ. ἐκ τοῦ σώματος C   18, 19 καὶ θὲς—λυχνίαν] καὶ τὴν λυχνίαν κ. τὸν λ. A; κ.
ἄψον λύχνον B   21 ἔρχομαι] om A   ἔρχομαι—κοιμηθῆναι] ἂς κοιμηθῶ
μετά σου B   24, 25 μὴ θέλων—πρόσταγμα] om AC   30 ἀπολαύσω]+κ. κατα-
φιλήσω κ. χορτάσω τὴν σὴν ὡραιότητα C

dare not, Lord, reveal myself to him, for he is your friend and a righteous man and hospitable to strangers. Rather, I beg you, O Lord, command the mention of Abraham's death to enter his heart and let me not say it to him. For it is very abrupt to say 'Leave the world,' and particularly '(Leave) your own body,' for from the beginning you made him to have pity on the souls of all men."

Then the Lord said to Michael, "Arise and go to Abraham and be a guest with him, and whatever you see him eating, you eat also, and wherever he lies down, you lie down there, for I shall cast the mention of Abraham's death into the heart of his son Isaac in a dream."

V. Then Michael set out for Abraham's house on that evening and he found them preparing the dinner. And they ate and drank and were rejoicing. And Abraham said to his son Isaac, "Arise, son, make up the man's bed so that he may rest, and place the lamp on the lampstand."

And Isaac did as his father had commanded. And Isaac said to his father, "Father, I am coming, I too, to sleep near you."

Abraham answered him, "No, my child, lest we become burdensome to this man, but go to your own room and rest."

Isaac, unwilling to disobey his father's command, went and rested in his room.

VI. And it came to pass about the seventh hour of the night, Isaac woke up and came to the door of his father's house crying and saying, "Father, open up, so that I can enjoy (the sight of) you before you are taken from me."

Then Abraham arose and opened up, and Isaac came in and hung upon

ABC τραχήλου τοῦ πατρὸς αὐτοῦ κλαίων, καὶ θρηνῶν κατεφίλει αὐτόν· ἔκλαυσεν δὲ Ἀβραὰμ σὺν τῷ υἱῷ αὐτοῦ· εἶδεν δὲ αὐτοὺς ὁ Μιχαὴλ κλαίοντας καὶ ἔκλαυσεν καὶ αὐτός. καὶ ἀκούσασα ἡ Σάρρα τὸν κλαυθμὸν ἐκ τοῦ κοιτῶνος αὐτῆς ἔκραξε λέγουσα· Κύριέ μου Ἀβραάμ, τί ἐστιν ὁ κλαυθ- 5 μός; μή σοι εἶπεν ὁ ξένος περὶ τοῦ ἀδελφιδοῦ σου Λώτ ὅτι ἀπέθανεν; ἢ ἄλλο τι συνέβη εἰς ἡμᾶς; ἀποκριθεὶς δὲ Μιχαὴλ εἶπε πρὸς τὴν Σάρραν· Οὐχί, Σάρρα, οὐκ ἤνεγκα φάσιν περὶ Λώτ· ἀλλὰ περὶ πάσης φιλανθρωπίας ὑμῶν ἔγνων ὅτι διαφέρετε πάντων ἀνθρώπων τῶν ἐπὶ τῆς γῆς, 10 καὶ ἐμνήσθη ὑμῶν ὁ θεός. τότε λέγει Σάρρα τῷ Ἀβραάμ· Πῶς ἐτόλμησας κλαῦσαι εἰσελθόντος τοῦ ἀνθρώπου τοῦ θεοῦ ἐν σοί; καὶ πῶς ἐδάκρυσάν σου οἱ ὀφθαλμοὶ τῶν ζευμάτων τοῦ φωτός; ὅτι σήμερον εὐφροσύνη γίνεται. λέγει οὖν πρὸς αὐτὴν Ἀβραάμ· Πόθεν γινώσκεις ὅτι ἄν- 15 θρωπος τοῦ θεοῦ ἐστίν; ἀποκριθεὶς δὲ ἡ Σάρρα εἶπεν· Ὅτι παραφέρω καὶ λέγω ὅτι οὗτός ἐστιν τῶν τριῶν ἀνδρῶν εἷς, τῶν ἐν τῇ δρυῒ τῇ Μαμβρῇ ἐπιξενισθέντων ἡμῖν, ὅτε ἀπῆλθεν ἓν τῶν παιδίων καὶ ἤνεγκε μόσχον καὶ ἔθυσας· καὶ εἶπες μοι, Ἀνάστα, ποίησον ἵνα φάγωμεν 20 μετὰ τῶν ἀνθρώπων τούτων εἰς τὸν οἶκον ἡμῶν. καὶ ἀπεκρίθη Ἀβραὰμ καὶ εἶπεν· Καλῶς ἐνόησας, ὦ γύναι· ὅτι κἀγὼ ὅτε τοὺς πόδας αὐτοῦ ἔπλυνα, ἔγνων ἐν τῇ καρδίᾳ μου ὅτι οὗτοί εἰσιν οἱ πόδες οὓς ἔπλυνα ἐν τῇ δρυῒ τῇ Μαμβρῇ, καὶ καθὼς ἠρξάμην ἐρωτᾶν τὴν πορείαν, εἶπέ 25

1 κλαίων] om B   1, 2 κ. θρηνῶν κατεφίλει αὐτὸν] κ. λέγων καταφιλῶν αὐτ. A; κ. καταφιλῶν αὐτ. κ. τοῖς δάκρυσι πλύνων τὸ στῆθος αὐτοῦ C   4 ἐκ τοῦ κοιτ. αὐτῆς] ἐκ τῆς κλίνης αὐτ. A; ἔσω οὖσα ἐν τῇ σκηνῇ C   5, 6 τί ἐστιν—ἀδελφιδοῦ] τί ἔχετε ὅτι οὕτως κλέετε ὀψὲ κ. ἄρτι· μὴ φθέγξω ὦ ἄνε τῶ κ͞ω μου Ἀ. μὴ περὶ τοῦ ἀδελφοῦ A; τί ἐστιν...ἀνεψιοῦ B; τί ἔχετε—κλαίετε. ὅρα μὴ τινα φάσιν ἤνεγκεν ὁ ξ. τῶ κυρίω μου Ἀ.—ἀδελφιδοῦ C   7 συνέβη] + λυπηρὸν B   8, 9 οὐκ—περὶ] οὐκ ἐλάλησά·τι διὰ Λώτ B   9—11 ἀλλὰ—θεός] ἀλλὰ πάσας φιλάντας ἡμῶν ἔγνω—θεός A; ἀλλ᾽ ἔγνων ὅτι ἐμνήσθη—θεός, κ. γέγονεν σωτηρία πάσοις φύλοις τῶν ἐπὶ γῆς B   13 ἐν σοί] ἐφ᾽ ἡμᾶς B; πρὸς ἡμᾶς C   13—16 καὶ πῶς—θεοῦ ἐστίν] om A   14 ζευμάτων] κοιμάτων B   17 ὅτι παραφέρω] πιστεῦσον παρα ρω A; προσφέρω B   19 ἀπῆλθεν ἓν τῶν παιδίων] ἀπ. ἐν τ. παίδων A; σὺ ἐνεγκὼν ἐν τῶ παιδίω B; ἀπῆλθες εἰς τὸ πεδίον C   ἤνεγκεν] ἤνεγκας BC   22 ἐνόησας ὦ γύναι] om B; ἀδελφή, ἐνόησας C   22—p. 111, 4 καλῶς—ὧδε] καλλῶς εἶπας ὅτι κ. τὸν Λὼτ ἐρρυσώμεθα ἀπὸ Σοδόμων ὅτε ἐγνωρίσαμεν τὸ μυστήριον B   25—p. 111, 2 καὶ καθὼς—μυστ.] οἱ κ. ἀπελθόντες κ. ῥυσάμενοι τὸν ἀδ. τὸν ἡμέτερον ἀπὸ τῶν Σ., τὸν Λὼτ A

his father's neck weeping, and mourning he kissed him. Abraham wept with his son. Michael saw them weeping and he too wept. When Sarah heard the weeping from her bedroom, she cried out saying, "My lord Abraham, what is the weeping? Has the stranger told you that your nephew Lot has died? Something else has happened to us, has it?"

Michael answered and said to Sarah, "No, Sarah, I brought no word about Lot, but I learnt about all your kindness, that you are distinguished above all men upon the earth and God has remembered you."

Then Sarah said to Abraham, "How did you dare to weep when the man of God entered to you? And how did your eyes of ....^{7} of light weep tears? For today there is rejoicing."

Therefore Abraham said to her, "From where did you recognize that he is a man of God?"

Sarah answered and said, "Because I declare and say that this is one of the three men who were our guests at the oak Mamre, when one of the servants went and brought a calf and you slaughtered it and you said to me, 'Arise, prepare, so that we can eat with these men in our house.'"

And Abraham answered and said, "You have thought well, O wife, for I too, when I washed his feet, recognized in my heart that these are the feet which I washed at the oak Mamre, and when I began to ask about his journey he said

μοι ὅτι ὑπάγω τηρῆσαι τὸν ἀδελφὸν Λὼτ ἀπὸ Σοδόμων· ABC
καὶ τότε ἐγνώρισα τὸ μυστήριον.

VII. ὁ δὲ Ἀβραὰμ εἶπεν πρὸς Μιχαήλ· Εἰπέ μοι,
ἄνθρωπε τοῦ θεοῦ, καὶ φανέρωσόν μοι τί ἦλθες ὧδε. καὶ
5 εἶπεν Μιχαήλ· Ὁ υἱός σου Ἰσαὰκ δηλώσει σοι. καὶ
λέγει. Ἀβραὰμ τῷ υἱῷ αὐτοῦ· Υἱέ μου ἀγαπητέ, εἰπέ μοι
τί εἶδες κατ' ὄναρ σήμερον καὶ ἐθροήθης· ἀνάγγειλόν μοι.
καὶ ἀπεκρίθη Ἰσαὰκ τῷ πατρὶ αὐτοῦ· Εἶδον κατ' ὄναρ
†ἐμαυτὸν† τὸν ἥλιον καὶ τὴν σελήνην· καὶ στέφανος ἐπὶ τῆς
10 κεφαλῆς μου ἐγένετο· καὶ ἦν ἀνὴρ παμμεγεθὴς λίαν λάμ-
πων ἐκ τοῦ οὐρανοῦ, ὡς φῶς καλούμενον πατὴρ τοῦ φωτός·
καὶ ἔλαβεν τὸν ἥλιον ἐκ τῆς κεφαλῆς μου· καὶ λοιπὸν
ἀφῆκεν τὰς ἀκτῖνας ἐν μέσῳ μου· καὶ ἔκλαυσα ἐγὼ καὶ
εἶπον· Παρακαλῶ σε, κύριέ μου, μὴ ἐπάρῃς τὴν δόξαν τῆς
15 κεφαλῆς μου καὶ τὸ φῶς τοῦ οἴκου μου καὶ πᾶσαν τὴν
δόξαν τὴν ἐμήν. ἐπένθησε δὲ ὁ ἥλιος καὶ ἡ σελήνη καὶ οἱ
ἀστέρες λέγοντες· Μὴ ἐπάρῃς τὴν δόξαν τῆς δυνάμεως
ἡμῶν. καὶ ἀποκριθεὶς ὁ φωτεινὸς ἐκεῖνος ἀνὴρ εἰπέ μοι·
Μὴ κλαύσῃς ὅτι ἔλαβον τὸ φῶς τοῦ οἴκου σου· ἀνελήφθη
20 γὰρ ἀπὸ καμάτων εἰς ἀνάπαυσιν, καὶ ἀπὸ ταπεινώσεως εἰς
ὕψος, αἴρουσιν αὐτὸν ἀπὸ στενοχωρίας εἰς εὐρυχωρίαν,
αἴρουσιν αὐτὸν ἀπὸ σκότους εἰς φῶς. ἐγὼ δὲ εἶπον αὐτῷ·
Παρακαλῶ σε, κύριε, λάβε καὶ τὰς ἀκτῖνας μετ' αὐτοῦ.
ὁ δὲ εἰπέν μοι· Δώδεκα ὧραι τῆς ἡμέρας εἰσὶν, καὶ τότε
25 ὅλας τὰς ἀκτῖνας λαμβάνω. ταῦτα λέγοντος τοῦ φωτεινοῦ
ἀνδρός, εἶδον τὸν ἥλιον τοῦ οἴκου μου ἀναβαίνοντα εἰς τὸν
οὐρανόν, τὸ δὲ στέφος ἐκεῖνον πλεῖον οὐκ εἶδον· ἦν δὲ ὁ
ἥλιος ἐκεῖνος ὅμοιός σου τοῦ πατρός μου. καὶ εἶπεν Μι-
χαὴλ τῷ Ἀβραάμ· Ἀλήθειαν εἴρηκεν ὁ υἱός σου Ἰσαάκ·

7 κ. ἐθροήθης· ἀνάγγ. μοι] om AB   9 ἐμαυτὸν] ἑαυτὸν μου B; +ὡς C
10 ἐγένετο]+κ. ἀφῆκεν τὰς ἀκτῖνας A   11 καλούμ.] om B; καὶ καλουμ. C
τοῦ] om C   12, 13 κ. λοιπὸν—μέσῳ μου] om A   12—15 κ. λοιπὸν—κεφ.
μου] om B by homœot.   18 φωτ. ἐκ. ἀνὴρ] φωτήρ. ἐκ. ὁ παμμεγεθεὶς C
19 ἔλαβον] ἄβλαβον C   20 καμάτων] καύματος AC   ἀνάπαυσιν] ἀπόλαυσιν B
21, 22 ἀπὸ στενοχ.—αἴρ. αὐτόν] om B; ἀπὸ στεν. εἰς εὐρήχωρον δόξαν. αἴρ. αὐτ C
24, 25 δώδεκα—λαμβάνω] οὐ λαμβάνω ταύτας ἕως ἂν πληρωθῶσιν αἱ δωδ. ὥρ. τ.
ἡμ. κ. τότε ὁρᾷς τὰς ἀκτῖνας λάμπειν C   27 στέφος—εἶδον] σῶμα αὐτοῦ
μένοντα ἐπὶ τῆς γῆς B; σῶμα αὐτοῦ μένει ἐπὶ τ. γῆς ἕως ἂν (p. 112, 2) A
29—p. 112, 1 ἀλήθειαν—οὐρανοὺς] νῦν ἤκουσας τὸ ἀληθὲς κ. τάξον περὶ τοῦ οἴκου
σου· ἰδοὺ γὰρ ἀπέσταλμαι παρὰ κυ τοῦ θυ λαβεῖν τὴν ψυχὴν σου C

to me, 'I am going to preserve your brother Lot from the Sodomites,' and then I knew the mystery."

VII. Abraham said to Michael, "Tell me, man of God, and make known to me why you came here."

Michael said, "Your son Isaac will show you."

Abraham said to his son, "My beloved son, tell me what you saw in a dream today which affrighted you. Tell me."

Isaac answered his father, "I saw the sun and the moon in my dream, and there was a crown on my head, and there was a very large man, greatly shining from the heaven, like a light which is called father of light, and he took the sun from my head. And then he left behind the rays with me. And I wept and said, 'I beg you, my lord, take not the glory of my head and the light of my house and all my glory.' The sun and the moon and the stars mourned saying, 'Do not take the glory of our power.' And that luminous man answered and said to me, 'Do not weep because I have taken the light of your house, for it has been taken up from the toils to rest and from lowliness to height. They are taking him from the narrow place to the broad, they are taking him from darkness to light.' I said to him, 'I beg you, lord, take also the rays with it.' He said to me, 'There are twelve hours of the day and then I take all the rays.' As the luminous man said this, I saw the sun of my house ascending to the heaven, but I saw that crown no more. That sun was like you, my father."

Michael said to Abraham, "Your son Isaac has spoken the truth,

ABC σὺ γὰρ εἶ· καὶ ἀναλαμβανέσαι εἰς τοὺς οὐρανούς, τὸ δὲ
σῶμά σου μένει ἐπὶ τῆς γῆς ἕως ἂν πληρωθῶσιν ἑπτα-
κισχίλιοι αἰῶνες· τότε γὰρ ἐγερθήσεται πᾶσα σάρξ. νῦν
οὖν, Ἀβραάμ, διάθες τὰ τοῦ οἴκου σου, καὶ περὶ τῶν
τέκνων σου, τελείως γὰρ ἤκουσας τὴν οἰκονομίαν σου. 5
καὶ ἀποκριθεὶς Ἀβραὰμ εἶπεν πρὸς Μιχαήλ· Παρακαλῶ
σε, κύριε, ἐὰν ἐξέρχωμαι ἐκ τοῦ σώματός μου, σωματικῶς
ἤθελον ἀναληφθῆναι, ἵνα θεάσομαι τὰ κτίσματα ἃ ἐκτί-
σατο κύριος ὁ θεός μου ἐν οὐρανῷ καὶ ἐπὶ γῆς. καὶ ἀπε-
κρίθη Μιχαὴλ καὶ εἶπεν· Τοῦτο οὐκ ἔστιν ἐμὸν ποίημα· 10
ἀλλὰ ἀπελθὼν ἐγὼ ἀπαγγελῶ τῷ κυρίῳ περὶ τούτου, καὶ
ἐὰν κελεύωμαι, ὑποδείξω σοι ταῦτα πάντα.

VIII. καὶ ἀνῆλθεν Μιχαὴλ ἐν τοῖς οὐρανοῖς καὶ
ἐλάλησεν ἐνώπιον κυρίου περὶ Ἀβραάμ· καὶ ἀπεκρίθη
κύριος πρὸς Μιχαήλ· Ἄπελθε καὶ ἀναλαβοῦ ἐν σώματι 15
τὸν Ἀβραὰμ καὶ ὑπόδειξον αὐτῷ πάντα, καὶ ὃ ἐὰν εἴπῃ
σοι ποίησον ὡς αὐτῷ ὄντι φίλῳ μου. ἐξελθὼν οὖν ὁ
Μιχαὴλ ἀνέλαβεν τὸν Ἀβραὰμ ἐπὶ νεφέλης ἐν σώματι,
καὶ ἀνήνεγκεν αὐτὸν ἐπὶ τὸν Ὠκεανὸν ποταμόν· καὶ ἀτε-
νίσας Ἀβραὰμ εἶδεν δύο πύλας, μίαν μὲν μικράν, τὴν δὲ 20
ἑτέραν μεγάλην· καὶ ἀνάμεσον τῶν δύο πυλῶν ἐκάθητο
ἀνὴρ ἐπὶ θρόνου δόξης μεγάλης· καὶ πλῆθος ἀγγέλων
κύκλῳ αὐτοῦ· καὶ ἦν κλαίων, καὶ πάλιν γελῶν, καὶ ὁ
κλαυθμὸς ὑπερέβαινεν τὸ γέλος αὐτοῦ ἑπταπλασίονα.
καὶ εἶπεν Ἀβραὰμ πρὸς τὸν Μιχαήλ· Τίς ἐστιν οὗτος ὁ 25
καθήμενος ἀνάμεσον τῶν δύο πυλῶν μετὰ δόξης πολλῆς·
ποτὲ μὲν γελᾷ, ποτὲ μὲν κλαίει, καὶ ὁ κλαυθμὸς ὑπερ-
βαίνει τὸ γέλος ἑπταπλασίως; καὶ εἶπεν Μιχαὴλ πρὸς
Ἀβραάμ· Οὐκ ἔγνως αὐτὸν τίς ἐστιν; καὶ εἶπεν· Οὐχί,
κύριε. καὶ εἶπεν Μιχαὴλ πρὸς Ἀβραάμ· Θεωρεῖς τὰς δύο 30

2, 3 ἑπτακ. αἰῶνες] τὰ ἔτη C   5 τελείως—οἰκονομ. σου] πεπληροφορῆσαι γὰρ
τὴν κεφαλήν σου B   7 ἐὰν—σώματός μου] ἐπειδὴ παρέρχομαι τοῦδε τοῦ
κοσμου B; ναί, ἐξέρχομαι ἐκ τοῦ σώμ. ἀλλὰ C   σωματικῶς] ἐν σώματι B
8 ἤθελον] θέλω B; ἤλπιζον C   10 κ. εἶπεν] + πάτερ μου B   11 κυρίῳ] πατρί
A; πατρὶ τῷ ἐν τοῖς οὐρανοῖς C   15 ἀναλ. ἐν σώμ.] λαβὲ σωματικῶς A; ἀνά-
λαβε σωματικῶς C   19 ὠκεανόν] αἰκιανόν AC; ὀκεανόν B   20, 21 μίαν—
μεγάλην] μι. μικρ. κ. ἑτ. μεγ. A; ἀφ' ὧν μία στενὴ κ. ἡ ἑτέρα εὐρήχορος B
23 κύκλῳ] + τοῦ θρόνου C   24 ἑπταπλας.] om BC   26 πολλῆς] + κ.
πλῆθος ἀγγέλων κύκλῳ αὐτοῦ C

for it is you, and you will be taken up into the heavens, but your body will remain[8] upon the earth until seven thousand ages are fulfilled, for then all flesh will arise. Now, therefore, Abraham, set your household affairs in order and concerning your children (make disposition), for you have heard fully your appointed fate."

Abraham replied and said to Michael, "I beg you, lord, if I am to depart from my body, I wish to be taken up bodily so that I may see the creation which the Lord my God created in heaven and upon earth."

Michael replied and said, "This is not my doing, but I shall go and relate to the Lord about this, and if I am so instructed, I shall show you all these things."

VIII. Michael ascended into the heavens and spoke about Abraham before the Lord, and the Lord replied to Michael, "Go and take Abraham up in the body and show him everything, and whatever he says to you, do it for him who is my friend."

Going forth, therefore, Michael took up Abraham in the body on a cloud and brought him to the river Oceanus, and Abraham looked and saw two gates, one small and the other large, and in the midst between the two gates there sat a man upon a throne of great glory, and a multitude of angels was around him and he would weep and then laugh, and the weeping exceeded his laughter seven times. And Abraham said to Michael, "Who is this one who is sitting in the midst between the two gates with great glory, who sometimes laughs and sometimes weeps, and the weeping exceeds the laughter seven times?"

Michael said to Abraham, "Do you not know who he is?"
And he said, "No, my lord."
Then Michael said to Abraham, "Do you see these two

πύλας ταύτας, τὴν μικρὰν καὶ τὴν μεγάλην; αὗταί εἰσιν ABC
αἱ ἀπάγουσαι εἰς τὴν ζωὴν καὶ εἰς τὴν ἀπώλειαν. ὁ ἀνὴρ
δὲ οὗτος ὁ καθήμενος ἐν μέσῳ αὐτῶν, οὗτός ἐστιν ὁ Ἀδὰμ,
ὁ πρῶτος ἄνθρωπος ὃν ἔπλασεν ὁ κύριος· καὶ ἔθηκεν αὐτὸν
5 εἰς τὸν τόπον τοῦτον θεωρῆσαι πᾶσαν ψυχὴν ἐξερχομένην
ἐκ τοῦ σώματος, ἐπειδὴ ἐξ αὐτοῦ εἰσὶν πάντες. ὅταν οὖν
θεωρῇς αὐτὸν κλαίοντα, γνῶθι ὅτι ἐθεάσατο ψυχὰς πολλὰς
ἀπαγομένας εἰς τὴν ἀπώλειαν· ὅταν δὲ ἴδῃς αὐτὸν γελῶντα,
ἐθεάσατο ψυχὰς ὀλίγας ἀπαγομένας εἰς τὴν ζωήν. θεωρεῖς
10 αὐτὸν πῶς ὑπερβαίνει ὁ κλαυθμὸς τὸ γέλος; ἐπεὶ θεωρεῖ
τὸ περισσότερον τοῦ κόσμου ἀπαγομένους διὰ τῆς πλα-
τείας εἰς τὴν ἀπώλειαν, διὰ τοῦτο ὑπερβαίνει ὁ κλαυθμὸς
τὸ γέλος ἑπταπλασίως.

IX. καὶ εἶπεν Ἀβραάμ· Καὶ ὁ μὴ δυνάμενος εἰσελθεῖν
15 διὰ τῆς στενῆς πύλης, οὐ δύναται εἰσελθεῖν εἰς τὴν ζωήν;
τότε ἔκλαυσεν Ἀβραάμ, λέγων· Οὐαί μοι, τί ποιήσω ἐγώ;
ὅτι εἰμὶ ἄνθρωπος εὐρὺς τῷ σώματι, καὶ πῶς δυνήσομαι
εἰσελθεῖν εἰς τὴν στενὴν πύλην, εἰς ἣν οὐ δύναται ἐλθεῖν
παιδίον πέντε καὶ δέκα ἐτῶν; καὶ ἀποκριθεὶς Μιχαὴλ
20 εἶπεν πρὸς Ἀβραάμ· Σὺ μὴ φοβοῦ, πάτερ, μηδὲ λυποῦ,
ἀκωλύτως γὰρ εἰσερχέσαι δι' αὐτῆς, καὶ πάντες οἱ συνό-
μοιοί σου. καὶ ἑστῶτος τοῦ Ἀβραὰμ καὶ θαυμάζοντος,
ἰδοὺ ἄγγελος κυρίου ἐλαύνων ἐξ μυριάδας ψυχὰς ἁμαρ-
τωλῶν εἰς τὴν ἀπώλειαν· καὶ λέγει Ἀβραὰμ πρὸς Μιχαήλ·
25 Οὗτοι πάντες εἰς τὴν ἀπώλειαν ἀπέρχονται; καὶ λέγει
αὐτῷ Μιχαήλ· Ναί, ἀλλὰ ἀπέλθωμεν καὶ ἀναζητήσωμεν
ἐν ταῖς ψυχαῖς ταύταις, εἰ ἐστὶν ἐξ αὐτῶν κἂν μία δικαία.
ἀπελθόντων δὲ αὐτῶν, εὗρον ἄγγελον κατέχοντα ἐν τῇ
χειρὶ αὐτοῦ μίαν ψυχὴν γυναικὸς ἐξ αὐτῶν τῶν ἐξ μυριά-

5 ἐξερχομένην] ἐξελουμένην A   14, 15 εἰσελθεῖν—οὐ δύναται] om B
16 τότε ἐκλ. 'Α. λέγων] om B   16—19 οὐαί μοι—ἐτῶν] οἴμοι οἴμοι τί λοιπὸν
ποιήσω κἀγώ· πῶς δυνηθῶ ἐν σώματι εἰσελθεῖν ἐν τῇ τοιαύτῃ στενῇ πύλῃ ἣν οὐδὲ
δεκαπέντε ἐνιαυτοῦ παιδίων δύναται εἰσελθῆναι B   17 εὐρὺς τῷ σώμ.] βαρὺς
τῷ σώμ. μέγας C   δυνήσομαι] δυνάμενος A   18, 19 εἰς ἣν—ἐτῶν] εἰ μὴ
παιδία δυετῶν C   20 σὺ—λυποῦ] om AC   21 ἀκωλύτως γὰρ εἰσερχέσαι]
ὁ ἀκατάλυτος εἰσέρχεται A; σὺ ὁλοστὸς εἰσέρχει C   23 ἐξ] om B   ἁμαρτω-
λῶν]+κ. ἀπήγαγεν C   24, 25 καὶ λέγει 'Α.—ἀπέρχονται] om C   28, 29 ἄγ-
γελον—χειρὶ αὐτοῦ] om B   29—p. 114, 4 μίαν ψυχήν—ἀπώλειαν] μίαν—
ἰσοζυγούσας μετὰ τῆς ἁμαρτίας αὐτῆς πάσας· κ. οὐκ ἦσαν ἐν αὔχθω οὐδὲ ἀνά-

J.   8

gates, the small one and the large one? These are those
which lead to life and destruction. This man who sits
between them is Adam, the first man whom the Lord created,
and He placed him in this place to look upon each soul
coming out of its body, since all men are from him. Whenever, therefore, you see him weeping, know that he has
looked upon many souls being led away to destruction.
Whenever you see him laughing, he has looked upon a few
souls being led away to life. Do you see him, how the weeping
exceeds the laughter? Since he looks upon the major part
of the world being led away through the wide one to destruction, the weeping exceeds the laughter sevenfold."

IX. And Abraham said, "And will he who cannot enter through
the narrow gate be unable to enter into life?" Then
Abraham wept saying, "Woe unto me, what shall I do? For I
am a man whose body is broad. How shall I be able to
enter into the narrow gate into which a youth of fifteen
years could not go?"

    Michael replied and said to Abraham, "Do not fear,
father, and do not be sad. You will enter through it
unimpeded, and all those who are like you."

    While Abraham stood and marvelled, behold, an angel of
the Lord driving sixty thousand souls of sinners to destruction (passed by), and Abraham said to Michael, "Do all
these go into destruction?"

    And Michael said to him, "Yes, but let us go and seek
among these souls, whether there is even one righteous among
them."

    When the went they found an angel holding in his hand
the soul of one woman of these sixty thousand,

THE TESTAMENT OF ABRAHAM.

ABC δων, ὅτι εὗρεν τὰς ἁμαρτίας ἰσοζυγούσας μετὰ τὰ ἔργα αὐτῆς ἅπαντα, καὶ οὐκ ἦσαν ἐν μόχθῳ οὐδὲ ἐν ἀναπαύσει, ἀλλ' ἐν τόπῳ μεσότητος. τὰς δὲ ψυχὰς ἐκείνας ἦρεν εἰς τὴν ἀπώλειαν. καὶ εἶπεν Ἀβραὰμ πρὸς Μιχαήλ· Κύριε, οὗτός ἐστιν ὁ ἄγγελος ὁ ἐκφέρων τὰς ψυχὰς ἐκ τοῦ σώματος, ἢ οὔ; ἀπεκρίθη Μιχαὴλ καὶ εἶπεν· Οὗτός ἐστιν ὁ θάνατος, καὶ ἀπάγει αὐτὰς εἰς τὸν τόπον τοῦ κριτηρίου, ἵνα ὁ κριτὴς κρίνῃ αὐτάς.

X. καὶ λέγει Ἀβραάμ· Κύριέ μου, παρακαλῶ σε ἵνα ἀναγάγῃς με εἰς τὸν τόπον τοῦ κριτηρίου ὅπως κἀγὼ θεάσωμαι αὐτὰς πῶς κρίνονται. τότε Μιχαὴλ ἔλαβεν τὸν Ἀβραὰμ ἐπὶ νεφέλης, καὶ ἤγαγεν αὐτὸν εἰς τὸν παράδεισον· καὶ ὡς ἔφθασεν εἰς τὸν τόπον ὅπου ἦν ὁ κριτής, ἦλθεν ὁ ἄγγελος καὶ ἔδωκεν τὴν ψυχὴν ἐκείνην εἰς τὸν κριτήν· ἔλεγεν δὲ ἡ ψυχή· Ἐλέησόν με, κύριε. καὶ εἶπεν ὁ κριτής· Πῶς ἐλεήσω σε, ὅτι σὺ οὐκ ἠλέησας τὴν θυγατέρα σου ἥνπερ εἶχες, τὸν καρπὸν τῆς κοιλίας σου; διὰ τί ἐφόνευσας αὐτήν; καὶ ἀπεκρίθη Οὐχί, κύριε· φόνος ἐξ ἐμοῦ οὐ γέγονεν, ἀλλ' αὐτὴ ἡ θυγάτηρ μου κατεψεύσατό μου. ὁ δὲ κριτὴς ἐκέλευσεν ἐλθεῖν τὸν τὰ ὑπομνήματα γράφοντα. καὶ ἰδοὺ χερουβὶμ βαστάζοντα βιβλία δύο, καὶ ἦν μετ' αὐτῶν ἀνὴρ παμμεγέθης σφόδρα· καὶ εἶχεν ἐπὶ τὴν κεφαλὴν αὐτοῦ τρεῖς στεφάνους, καὶ ὁ εἷς στέφανος ὑψηλότερος ὑπῆρχεν τῶν ἑτέρων δύο στεφάνων· οἱ δὲ στέφανοι ἐκαλοῦντο στέφανοι μαρτυρίας. καὶ εἶχεν ὁ ἀνὴρ ἐν τῇ χειρὶ αὐτοῦ κάλαμον χρυσοῦν· καὶ λέγει ὁ κριτὴς πρὸς αὐτόν· Σύστησον τὴν ἁμαρτίαν τῆς ψυχῆς ταύτης.

παισιν ἠλέστω κατὰ σώματος· τας—ἐκείνας εἴρηνται εἰς τὴν ἀπώλειαν A; ἀπ' αὐτὰς τὰς μυριάδας μίαν ψ. γυναικὸς ἡσινέχου τὴν διαγωγήν· ἐπαί ται τῶν καλῶν αὐτοῖς ἔργων κ. τῶν ἐναντίων κ. οὔτη ἐπ' ἀπολεία οὐχ ὑπῆρχεν οὔτε μὴν ἐπ' ἀναπαύσεως ἀλλ' ἐν μέσῳ τούτων B; μίαν ψ. δικαίαν ἐξ—μυριάδων γυναικὸς σῶμα εὗρεν γὰρ —ἰσοζυγ. μετὰ τὰ ἔργα αὐτῆς ἅπαντα· καὶ οὐκ ἦσαν ἐν μόχθῳ οὐδὲ ἐν ἀναπαύσε. ἀλλ'—ἀπώλειαν C   6 οὔ] σὺ A   7 κριτηρίου] + μου A   11, 12 ἔλαβεν—νεφέλης] λαβὼν—νεφ. B; ἐποίησεν τὴν νεφέλην ἀναλαβεῖν τὸν Ἀ. C   12, 13 εἰς τ. παράδ.—τόπον] om C   15 κύριε] + ὅτι οὐχ ἥμαρτον C   18 αὐτήν] om AC   18—21 φόνος—κατεψεύσ. μου] ψευδέται ἡ θυγάτηρ μου B   21 βαστάζοντα] om A; κατάξοντα C   23 τρεῖς στεφάνοις] τρία A   24 ἑτέρων δύο] τεσσάρων A; ἑτέρων C   25 στέφ. μαρτυρίας] στέφ. μαρτύρων A; μαρτυρία C

because he found all her sins of equal weight with her works, and they were neither in distress nor in rest, but in the place of the intermediate state. But those (i.e. other) souls he took to destruction. Abraham said to Michael, "Is this the angel who brings forth the souls from the body or not?"

Michael answered and said, "This is Death, and he leads them away to the place of judgment, so that the judge may try them."

X. Abraham said, "My lord, I beg you to lead me up to the place of judgment so that I too may see how they are judged."

Then Michael took Abraham upon a cloud and brought him to the garden (paradise), and when he reached the place where the judge was, the angel went and gave that soul to the judge. The soul said, "Have mercy upon me, lord."

The judge said, "How shall I have mercy upon you when you did not have mercy upon your daughter whom you had, the fruit of your womb. Why did you kill her?"

And it replied, "No, lord, the murder was not my doing; rather has that daughter of mine lied against me."

The judge then instructed him who writes the records to come, and behold, cherubim bearing two books, and there was an exceedingly large man with them. He had three crowns upon his head and one crown was higher than the other two crowns. The crowns are called the crowns of witness. And the man held a golden pen in his hand, and the judge said to him, "Exhibit the sin of this soul."

καὶ ἀναπτύξας ὁ ἀνὴρ ἐκεῖνος μίαν τῶν βιβλίων τῶν ABC
ὄντων ἐκ τῶν χερουβὶμ ἀνεζήτησεν τὴν ἁμαρτίαν τῆς
ψυχῆς τῆς γυναικὸς, καὶ εὗρεν. καὶ εἶπεν ὁ κριτής· Ὦ
ταλαίπωρε ψυχή, πῶς λέγεις ὅτι φόνον οὐκ ἐποίησας;
5 οὐχὶ σὺ ἀπελθοῦσα μετὰ τὴν τελευτὴν τοῦ ἀνδρός σου,
ἐμοίχευσας τὸν ἄνδρα τῆς θυγατρός σου, καὶ ἀπέκτεινας
αὐτήν; ἤλεγχε δὲ καὶ τὰς ἄλλας ἁμαρτίας αὐτῆς, καὶ εἴ
τι ἔπραξεν ἐκ νεότητος αὐτῆς. ταῦτα ἀκούσασα ἡ γυνὴ
ἐβόησεν λέγουσα· Οἴμοι, οἴμοι, ὅτι πάσας τὰς ἁμαρτίας
10 μου ἃς ἐποίησα ἐν τῷ κόσμῳ ἐληθάργησα· ἐνταῦθα δὲ οὐκ
ἐληθαργήθησαν. τότε ἦραν καὶ αὐτὴν καὶ παρέδωκαν τοῖς
βασανισταῖς.

XI. καὶ εἶπεν Ἀβραὰμ πρὸς Μιχαήλ· Κύριε, τίς
ἐστιν οὗτος ὁ κριτής, καὶ τίς ἐστιν ὁ ἄλλος, ὁ ἐλέγχων τὰς
15 ἁμαρτίας; καὶ λέγει Μιχαὴλ πρὸς Ἀβραάμ· Θεωρεῖς τὸν
κριτήν; οὗτός ἐστιν ὁ Ἄβελ, ὁ ἐν πρώτοις μαρτυρήσας·
καὶ ἤνεγκεν αὐτὸν ὧδε ὁ θεὸς κρίνειν· καὶ ὁ ἀποδεικνύ-
μενος οὗτός ἐστιν ὁ διδάσκαλος τοῦ οὐρανοῦ καὶ τῆς γῆς
καὶ γραμματεὺς τῆς δικαιοσύνης Ἐνώχ· ἀπέστειλεν γὰρ
20 κύριος αὐτοὺς ἐνταῦθα, ἵνα ἀπογράφωσιν τὰς ἁμαρτίας καὶ
τὰς δικαιοσύνας ἑκάστου. καὶ λέγει ὁ Ἀβραάμ· Καὶ πῶς
δύναται Ἐνὼχ βαστάσαι τὸ βάρος τῶν ψυχῶν, μὴ ἰδὼν
θάνατον; ἢ πῶς δύναται δοῦναι πασῶν τῶν ψυχῶν ἀπό-
φασιν; καὶ εἶπεν Μιχαήλ· Ἐὰν δώσῃ ἀπόφασιν περὶ

4 φόνον οὐκ ἐποίησας] ὁ φόνος διὰ σοῦ οὐ γέγονεν B; φόνος ἐξ ἐμοῦ οὐ γέγονεν
C   7, 8 καὶ εἴ τι—νεότ. αὐτῆς] om B   8 γυνὴ] om B; ψυχῇ C
10 ἃς—κόσμῳ] om A   κόσμῳ]+κατὰ πρόσωπόν μου βλέπω καὶ τί ποιήσω ἡ
τάλαινα ὅτι ἐνταῦθα μετάνοια οὐκ ἔστιν B   10, 11 ἐνταῦθα—ἐληθαργ.] om B
11 ἦραν αὐτὴν]+οἱ ὑπηρέται τῆς ὀργῆς C   14, 15 καὶ τίς—ἁμαρτ.] om C
14 ἐλέγχων] κατέχων B   17 ἤνεγκεν] προσέταξεν B; ἔταξεν C   17—19 ὁ
ἀποδεικν. οὗτος—Ἐνώχ] ὁ ἕτερος ὁ προσκομίζων τὰς ἁμαρτίας κ. ἐλέγχων τὰς ἀγα-
θὰς κ. πονηρὰς πράξεις ἐστὶν ἐνωχ ὁ μάρτυς τῆς ἐσχάτης ἡμέρας B   19 γραμ-
ματεὺς] γραφεὺς A   19—21 Ἐνώχ—δικαιοσύνας] om A (which reads γρα-
φεὺς τῆς δικ. κ. τῶν ἁμαρτιῶν ἑκάστου)   ἀπέστειλεν—ἑκάστου] κ. προσετάγειν
παρὰ κυ ἐν τῷ κόσμῳ διάγειν κ. ἀπογράφεσθαι πράξεις κ. λογισμοὺς ἑνὸς ἑκάστου
ἀνθρώπου B   22 βαστάσαι τὸ βάρος τῶν ψ.] βλέπειν κ. προσκομίζειν
ἑνὸς ἑκάστου τὰς ἁμαρτίας κ. τὰς δικαιοσύνας B; βαστάσαι τὸ μέρος τῶν ψ. C
24 ἀπόφασιν] ἀπολογίαν A; ἀποφάσεις ἢ κ. σώζειν τοὺς ἐξομολογουμένους B
21—p. 116, 10 ἐὰν—κόλασιν] ταῦτα κ. αὐτὸς ὁ Ε. πρὸς κν ἐλάλησεν ἵνα μὴ πρὸς
τοῖς ἀνοῦς ἐπιβαρὶς γίνεται ἀλλ' ὁ κς οὐκ ἤκουσεν αὐτοῦ ἀλλ' ἐκέλευσεν αὐτὸν
οὕτως ποιεῖν B

And that man opened one of the books which were with the cherubim, and he sought out the sin of the woman's soul and he found (it). The judge said, "O wretched soul, how do you say that you did not murder? After your husband's death did you not go and commit adultery with your daughter's husband and kill her?"

He convicted her too of her other sins and everything she had done since childhood. When she heard this the woman cried saying, "Woe is me, woe is me, in the world I forgot all the sins which I committed, but here they were not forgotten." And they took her too and delivered her to the tormentors.

XI. Abraham said to Michael, "Lord, who is this judge and who is the other one who convicts the sins?"

And Michael said to Abraham, "Do you see the judge? He is Abel who was first martyred (or: who first bore witness), and God brought him here to judge. And the one who demonstrates (the sins) is the teacher of heaven and earth and the scribe of righteousness, Enoch, for God sent them here that they might write down the sins and the righteous deeds of each man."

Abraham said, "How can Enoch bear the weight of the souls since he has not seen death and how can he give sentence of all souls?"

Michael said, "If he were to give sentence concerning them,

ABC αὐτῶν, οὐ συγχωρεῖται· ἀλλ' οὐ τὰ τοῦ Ἐνὼχ αὐτοῦ ἀποφαίνεται, ἀλλ' ὁ κύριός ἐστιν ὁ ἀποφαινόμενος, καὶ τούτου οὐκ ἐστὶν εἰ μὴ μόνον τὸ γράψαι. ἐπειδὴ ηὔξατο Ἐνὼχ πρὸς κύριον λέγων· Οὐ θέλω, κύριε, ἀποδοῦναι τῶν ψυχῶν ἀπόφασιν, ὅπως μὴ τινὸς ἐπιβαρὴς γένωμαι· καὶ εἶπεν κύριος πρὸς Ἐνώχ· Ἐγὼ κελεύσω σε ἵνα γράφῃς τὰς ἁμαρτίας ψυχῆς ἐξιλεουμένης, καὶ εἰσελεύσεται εἰς τὴν ζωήν· καὶ ἡ ψυχὴ ἐὰν μὴ ἐξιλεωθῇ καὶ μετανοήσῃ, εὑρήσεις τὰς ἁμαρτίας αὐτῆς γεγραμμένας, καὶ βληθήσεται εἰς τὴν κόλασιν.

XII. καὶ μετὰ τὸ θεωρῆσαι Ἀβραὰμ τὸν τόπον τοῦ κριτηρίου, κατήγαγεν αὐτὸν ἡ νεφέλη ἐν τῷ στερεώματι κάτω. καὶ κατανοήσας Ἀβραὰμ ἐπὶ τὴν γῆν, εἶδεν ἄνθρωπον μοιχεύοντα γυναῖκα ὕπανδρον. καὶ στραφεὶς λέγει Ἀβραὰμ πρὸς Μιχαήλ· Θεωρεῖς τὴν ἁμαρτίαν ταύτην; ἀλλά, κύριε, πέμψον πῦρ ἐξ οὐρανοῦ, ἵνα καταφάγῃ αὐτούς. καὶ εὐθὺς κατῆλθεν πῦρ καὶ κατέφαγεν αὐτούς· διότι εἶπεν κύριος τῷ Μιχαὴλ ὅτι Ὅσα αἰτήσεταί σε ὁ Ἀβραὰμ ποιῆσαι αὐτῷ, ποίησον. καὶ πάλιν ἀναβλέψας Ἀβραάμ, εἶδεν ἄλλους ἀνθρώπους καταλαλοῦντας ἑταίρους, καὶ εἶπεν· Ἀνοιχθήτω ἡ γῆ καὶ καταπιέτω αὐτούς. καὶ ἐν τῷ εἰπεῖν αὐτῷ, κατέπιεν αὐτοὺς ἡ γῆ ζῶντας. καὶ πάλιν ἀνήγαγεν αὐτὸν ἡ νεφέλη ἐν ἑτέρῳ τόπῳ· καὶ εἶδεν Ἀβραὰμ τινας ἀπερχομένους εἰς ἔρημον τόπον τοῦ ποιῆσαι φόνον. καὶ εἶπεν πρὸς Μιχαήλ· Θεωρεῖς τὴν ἁμαρτίαν ταύτην; ἀλλ' ἐλθέτωσαν θηρία ἐκ τῆς ἐρήμου καὶ διαμερίσονται αὐτούς. καὶ αὐτῇ τῇ ὥρᾳ ἐξῆλθον θηρία ἐκ τῆς ἐρήμου καὶ κατέφαγον αὐτούς. τότε ἐλάλησεν κύριος ὁ θεὸς πρὸς τὸν Μιχαὴλ λέγων· Ἀπόστρεψον τὸν Ἀβραὰμ εἰς τὸν οἶκον αὐτοῦ καὶ μὴ ἀφήσεις αὐτὸν κυκλῶσαι πᾶσαν τὴν κτίσιν ἣν ἐποίησα, ὅτι οὐ σπλαγχνίζεται ἐπὶ τοὺς ἁμαρτωλούς, ἀλλ' ἐγὼ σπλαγχνίζομαι ἐπὶ τοὺς ἁμαρτωλοὺς ὥστε ἐπιστρέψουσιν καὶ ζήσωσιν καὶ μετανοήσωσιν ἐκ

6 ἐγὼ κελεύσω σε] ἐγέρθητί μοι σημείων πρὸς σὲ C   8 μὴ ἐξιλεωθῇ καὶ] om A   9 βληθήσεται] -ονται A; κληθήσεται C   26, 27 διαμερίσονται αὐτούς] διαφάγωσιν αὐτούς A; καταφαγέτωσαν αὐτοὺς ὅτι τοιοῦτον ἀνόμημα ὥρμησαν ποιῆσαι B   33—p. 117, 1 ὥστε—σωθήσονται] ὡς τὸ ἐπιστρέψαι κ. ζήσωσιν—σωθής. A; om B; ὥστε ἐπιστρέψουσιν κ. μετανοήσωσιν—σωθής. C

it would not be permitted. But it is not Enoch's business
to give judgment, but the Lord is he who gives judgment,
and this one's (i.e. Enoch's) task is only the writing.
For Enoch prayed to the Lord saying, 'I do not wish, O
Lord, to render the sentence of the souls, that I may not
become burdensome to anyone.' And the Lord said to Enoch,
'I will command you to write down the sins of the soul
that makes atonement, and it shall enter into life. But
the soul that does not make atonement and repent, you shall
find its sins recorded, and it shall be cast into punish-
ment.'"

XII. And after Abraham had seen the place of judgment,
the cloud bore him down to the firmament below. Abraham
considered the earth and he saw a man committing adultery
with a married woman. He turned and said to Michael, "Do
you see this sin? Indeed, lord, send fire from heaven to
consume them." And at once fire descended and consumed
them, for the Lord had said to Michael, "Whatever Abraham
asks you to do for him, do."

Abraham looked again and he saw other men slandering
their friends and he said, "May the earth open up and
swallow them." As he spoke the earth swallowed them alive.

Again the cloud brought him up to another place and
Abraham saw some men setting out for a desert place to
commit murder and he said to Michael, "Do you see this
sin? Indeed, let wild beasts come from the desert and
tear them into pieces." At that very moment wild beasts
came forth from the desert and devoured them.

Then the Lord God spoke with Michael saying, "Turn
Abraham around to his house and do not let him go around
all the creation which I made, for he has no mercy upon
the sinners, but I have mercy upon the sinner that they may
turn and live and repent of

τῶν ἁμαρτιῶν αὐτῶν, καὶ σωθήσονται. καὶ κατὰ τὴν ABC
ἐνάτην ὥραν ὑπέστρεψεν Μιχαὴλ τὸν Ἀβραὰμ εἰς τὸν
οἶκον αὐτοῦ. Σάρρα δὲ ἡ γυνὴ αὐτοῦ, μὴ θεωρήσασα τὸν
Ἀβραὰμ τί γέγονεν, κατεπόθη τῇ λύπῃ καὶ παρέδωκε τὴν
5 ψυχήν· καὶ μετὰ τὸ ὑποστρέψαι τὸν Ἀβραάμ, εὗρεν
αὐτὴν νεκράν, καὶ ἔθαψεν αὐτήν.

XIII. ὅτε δὲ ἤγγισαν αἱ ἡμέραι τοῦ θανάτου τοῦ
Ἀβραάμ, εἶπεν κύριος ὁ θεὸς πρὸς Μιχαήλ· Οὐ μὴ τολ-
μήσῃ θάνατος ἐγγίσαι τοῦ ἐξενεγκεῖν τὴν ψυχὴν τοῦ
10 δούλου μου, ὅτι φίλος μου ἐστίν· ἀλλὰ ἄπελθε καὶ κόσ-
μησον τὸν θάνατον ἐν πολλῇ ὡραιότητι, καὶ οὕτως ἀπό-
στειλον αὐτὸν πρὸς Ἀβραὰμ ὅπως θεάσηται αὐτὸν τοῖς
ὀφθαλμοῖς αὐτοῦ. καὶ ὁ Μιχαὴλ εὐθὺς καθὼς προσ-
ετάχθη ἐκόσμησεν τὸν θάνατον ἐν πολλῇ ὡραιότητι, καὶ
15 οὕτως ἀπέστειλεν αὐτὸν πρὸς Ἀβραάμ, ὅπως θεάσηται
αὐτόν. καὶ ἐκάθισεν πλησίον τοῦ Ἀβραάμ· ἰδὼν δὲ ὁ
Ἀβραὰμ τὸν θάνατον πλησίον αὐτοῦ καθήμενον ἐφοβήθη
φόβον μέγαν. καὶ εἶπεν ὁ θάνατος πρὸς Ἀβραάμ· Χαίροις,
ἁγία ψυχή· χαῖρε, φίλος κυρίου τοῦ θεοῦ· χαῖρε, τὸ παρα-
20 μύθιον τοῦ ξενισμοῦ τῶν ὁδοιπόρων. καὶ εἶπεν Ἀβραάμ·
Καλῶς ἐλήλυθας, δοῦλε θεοῦ ὑψίστου· παρακαλῶ σε, εἰπέ
μοι τίς εἶ σύ, καὶ εἰσελθὼν ἐν τῷ οἴκῳ μετάλαβε βρώσεως
καὶ πόσεως, καὶ ἀπόστηθι ἀπ᾽ ἐμοῦ· ἀφ᾽ οὗ γὰρ ἐθεασά-
μην σε καθήμενον ἔγγιστά μου, ἐταράχθη ἡ ψυχή μου.
25 πάντως γὰρ οὐκ εἰμὶ ἄξιος μετὰ σοῦ πλησιάζειν, σὺ γὰρ
εἶ ὑψηλὸν πνεῦμα, ἐγὼ δὲ σὰρξ καὶ αἷμα, καὶ διὰ τοῦτο
οὐ δύναμαι βαστάσαι τὴν δόξαν σου. θεωρῶ γὰρ τὴν
ὡραιότητά σου, ὅτι οὐκ ἔστιν ἐκ τοῦ κόσμου τούτου. καὶ AB
εἶπεν ὁ θάνατος πρὸς Ἀβραάμ· Λέγω σοι, ἐν ὅλῳ τῷ
30 κτίσματι ὃ ἔκτισεν ὁ θεός, οὐχ εὑρέθη ὅμοιός σου· καὶ

1, 2 καὶ—ὥραν] κ. ταύτην τὴν ὥραν A; ἐν ἐκείνῃ τῇ ἡμέρᾳ· καὶ C   3—
6 Σάρρα δὲ—ἔθαψεν αὐτήν] κ. οὕτως ἀπέθανεν ἡ γυνὴ αὐτοῦ—αὐτὴν ὁ Ἀβρ. A;
κ. πρῶτον τέθνηκεν ἡ γυνὴ αὐτοῦ κ. ἔθ. αὐτήν B   7—9 τοῦ Ἀβρ.—ἐγγί-
σαι] om B   12, 13 τοῖς ὀφθ. αὐτοῦ] ἔμπροσθεν αὐτοῦ πρὸς θάνατον A; om B
16 καὶ ἐκάθ.—Ἀβρ.] om AC   καὶ] om B   18—21 καὶ εἶπεν ὁ θάν.—ὑψί-
στου] om AB   22, 23 σὺ—πόσεως] om AB   27, 28 θεωρῶ—κόσμου τούτου]
om B   28—p. 118, 26 τούτου—ψυχὴν τοῦ Ἀ.] om C, a leaf of which is lost
here   30 κτίσματι ὃ] κτίσμ. ἣν A; κόσμῳ ὃ B

their sins and be saved."

And about the ninth hour Michael returned Abraham to his house. Sarah, his wife, not having seen what had happened to Abraham, was grieving deeply and gave up her soul. And after Abraham's return he found her dead and he buried her.

XIII. When the days of Abraham's death approached, the Lord God said to Michael, "Death will not dare to approach to take out the soul of my servant, for he is my friend. Rather go and adorn Death with great beauty and send him thus to Abraham so that he may see him with his eyes."

And Michael at once adorned Death with great beauty as he had been commanded and thus sent him to Abraham that he might see him. And he (i.e. Death) sat down close to Abraham. When Abraham saw Death sitting near him, he was greatly afraid. And Death said to Abraham, "Greetings, holy soul. Greetings, friend of the Lord God. Greetings, hospitable comfort for travellers."

Abraham said, "You are welcome, servant of the Most High God. I beg of you, tell me who you are, and come into the house and partake of food and drink and then depart from me, for from that moment when I looked upon you sitting near me, my soul was disturbed because I am in no way worthy to be close to you. For you are a high spirit, while I am flesh and blood. For this reason I cannot bear your glory, for I see that your beauty is not of this world."

And Death said to Abraham, "I say to you, in the whole creation that God created there is none like you to be found.

AB αὐτὸς γὰρ ὁ θεὸς ζητήσας οὐχ εὗρεν τοιοῦτον ἐπὶ πάσης τῆς γῆς. καὶ εἶπεν Ἀβραὰμ πρὸς τὸν θάνατον· Πῶς ἐτόλμησας ψεύσασθαι; ὅτι ὁρῶ τὴν ὡραιότητά σου ὅτι οὐκ ἔστιν ἐκ τοῦ κόσμου τούτου. καὶ εἶπεν ὁ θάνατος πρὸς Ἀβραάμ· Μὴ νομίσης, Ἀβραάμ, ὅτι ἡ ὡραιότης 5 αὕτη ἐμή ἐστιν, ἢ καὶ οὕτως πορεύομαι εἰς πάντα ἄνθρωπον· οὐχὶ, ἀλλ' ἐάν τις δίκαιος ὡς σὺ, οὕτως λαμβάνω στεφάνους καὶ ἀπέρχομαι πρὸς αὐτόν· ἐὰν δὲ ἁμαρτωλός ἐστιν, ἀπέρχομαι ἐν μεγάλῃ σαπρότητι καὶ ἐκ τῆς ἁμαρτίας αὐτῶν ποιῶ στέφανον τῇ κεφαλῇ μου, καὶ ταράσσω 10 αὐτοὺς ἐν μεγάλῳ φόβῳ, ἵνα ἐκθαμβῆται. λέγει οὖν Ἀβραὰμ πρὸς αὐτόν· Καὶ πόθεν ἔστιν ἡ ὡραιότης αὕτη; καὶ λέγει ὁ θάνατος· Οὐκ ἔστιν ἄλλος σαπρότερός μου. λέγει αὐτῷ ὁ Ἀβραάμ· Καὶ μὴ σὺ εἶ ὁ λεγόμενος θάνατος; ἀπεκρίθη αὐτῷ καὶ εἶπεν· Ἐγώ εἰμι τὸ πικρὸν ὄνομα· 15 ἐγώ εἰμι κλαυθμός....

A   XIV. εἶπεν δὲ Ἀβραὰμ πρὸς τὸν θάνατον· Δεῖξον ἡμῖν τὴν σαπρότητά σου. καὶ ἐφανέρωσεν ὁ θάνατος τὴν σαπρότητα αὐτοῦ· καὶ εἶχεν δύο κεφαλάς· ἡ μία εἶχεν πρόσωπον δράκοντος, καὶ δι' αὐτοῦ τινες ὑπὸ ἀσπίδων 20 τελευτῶσιν ἄφνω· ἡ δὲ ἑτέρα κεφαλὴ ὁμοία ῥομφαίας· διὰ τοῦτο τινες ἐν ῥομφαίᾳ τελευτῶσιν ὡς ἐπὶ τόξοις. ἐν ἐκείνῃ τῇ ἡμέρᾳ ἐτελεύτησαν οἱ παῖδες τοῦ Ἀβραὰμ διὰ τὸν φόβον τοῦ θανάτου· οὓς ἰδὼν Ἀβραὰμ ηὔξατο πρὸς κύριον, καὶ ἀνέστησεν αὐτούς. ἐπέστρεψεν δὲ ὁ θεὸς καὶ 25

AC ἐξέτεινεν τὴν ψυχὴν τοῦ Ἀβραὰμ ὡς ἐν ὀνείροις, καὶ ὁ ἀρχιστράτηγος Μιχαὴλ ἦρεν αὐτὴν εἰς τοὺς οὐρανούς.

5 μὴ νομίσῃς, Ἀβρ.] om A   7—11 οὐχὶ—ἐκθαμβῆται] om B   9 τῆς] τὰς A   11—16 λέγει οὖν—κλαυθμός] om A   16 κλαυθμός] with this word B breaks off   19 σαπρότητα αὐτοῦ] + ἐφανέρωσεν δὲ αὐτοὺς A   21 ῥομφαίας] -α A   22 τόξοις] -ος A   26—p. 119, 5 ὀνείροις—ἀμήν] ὀνείροις· καὶ ἰδοὺ ἅρμα κυρίου τοῦ θεοῦ ἦρεν τὴν τιμίαν αὐτοῦ ψυχὴν εἰς τοὺς οὐρανούς, καὶ ἄγγελοι προάγοντες καὶ ἀκολουθοῦντες μετὰ λαμπάδων καὶ θυμιατῶν, δοξάζοντες καὶ εὐλογοῦντες τὸν θεὸν τὸν ὕψιστον. ἔδραμεν δὲ Ἰσαὰκ ὁ υἱὸς αὐτοῦ, καὶ ἔπεσεν εἰς τὸ πρόσωπον αὐτοῦ καὶ ἔκλαυσεν καὶ κατεφίλησεν αὐτόν, ὁμοίως καὶ οἱ οἰκοπαῖδες ἅπαντες· καὶ βαστάζοντες τὸ τιμιώτατον ἐκεῖνο λείψανον ἀπήγαγον· καὶ ἔθαψεν αὐτὸ Ἰσαὰκ οἰκειοχείρως πλησίον τῆς μητρὸς αὐτοῦ Σάρρας. καὶ ὑπέστρεψαν δοξάζοντες καὶ ὑμνοῦντες τὸν θεὸν ἡμῶν· ὅτι αὐτῷ ὑπάρχει ἡ δόξα, ἡ τιμή, καὶ ἡ μεγαλοσύνη εἰς τοὺς αἰῶνας τῶν αἰώνων. ἀμήν. C   26, 27 κ. ὁ ἀρχιστρ. M.] ὁ ἀρχ. M. καὶ A.

For God Himself sought and did not find such a one upon the whole earth."

And Abraham said to Death, "How do you dare to lie? For I see that your beauty is not of this world."

Death said to Abraham, "Do not think, O Abraham, that this beauty is mine, or that I come thus to every man. Indeed not! If a man is righteous like you I take crowns thus and go to him, but if he is a sinner, I go in great rottenness and I make a garland for my head from his sins and I distress them with great fear, that he may be dismayed."

Then Abraham said to him, "Whence is this beauty?"

Death said, "There is no other more foul than I."

Abraham said to him, "You are not he who is called Death, are you?"

He replied to him and said, "I am the bitter name, I am crying...."

XIV. Abraham said to Death, "Show us your rottenness."

And Death showed his rottenness, and he had two heads: the one had the face of a dragon and through it certain men die at once by asps; the other head was like a sword. Through this one some men die by the sword as by bows. On that day Abraham's servants died because of the fear of Death. When Abraham saw them he prayed to the Lord and He revived them.

And God turned and drew forth Abraham's soul as by a dream, and the Archistrategos Michael took it up to the heavens.

ἔθαψεν δὲ Ἰσαὰκ τὸν πατέρα αὐτοῦ πλησίον τῆς μητρὸς AC
αὐτοῦ τῆς Σάρρας, δοξάζων καὶ αἰνῶν τὸν θεόν· ὅτι αὐτῷ
πρέπει δόξα, τιμὴ καὶ προσκύνησις, τοῦ πατρὸς καὶ τοῦ
υἱοῦ καὶ τοῦ ἁγίου πνεύματος νῦν καὶ ἀεὶ καὶ εἰς τοὺς
αἰῶνας τῶν αἰώνων. Ἀμήν.

And Isaac buried his father near his mother Sarah, praising and praying to God, for for Him glory is fitting and honor and devotion, of the Father and of the Son and of the Holy Spirit, and always and forever and ever. Amen.

NOTES

1. Throughout the translation δεσπότης is rendered "Master" and κύριος "Lord."

2. This special title of the archangel Michael is left untranslated here.

3. The Greek is unclear and is not clarified by the parallel in Recension B.

4. Masculine singular, apparently referring only to the sun.

5. ἀνύπαρκτοι, literally "non-existent."

6. Apparently there is acute textual corruption at this point.

7. ζευμάτων, meaning unknown; perhaps "source."

8. Reading μενεῖ for μένει.